JURISPRUDÊNCIA FISCAL ANOTADA
SUPREMO TRIBUNAL ADMINISTRATIVO

J. L. SALDANHA SANCHES
GLÓRIA TEIXEIRA
JAIME ESTEVES
JOÃO SILVA RODRIGUES

JURISPRUDÊNCIA FISCAL ANOTADA
SUPREMO TRIBUNAL ADMINISTRATIVO

ALMEDINA

TÍTULO:	JURISPRUDÊNCIA FISCAL ANOTADA SUPREMO TRIBUNAL ADMINISTRATIVO
AUTORES:	J. L. SALDANHA SANCHES, GLÓRIA TEIXEIRA, JAIME ESTEVES, JOÃO SILVA RODRIGUES
EDITOR:	LIVRARIA ALMEDINA – COIMBRA www.almedina.net
LIVRARIAS:	LIVRARIA ALMEDINA ARCO DE ALMEDINA, 15 TELEF. 239 851900 FAX 239 851901 3004-509 COIMBRA – PORTUGAL LIVRARIA ALMEDINA – PORTO R. DE CEUTA, 79 TELEF. 22 2059773 FAX 22 2039497 4050-191 PORTO – PORTUGAL EDIÇÕES GLOBO, LDA. R. S. FILIPE NERY, 37-A (AO RATO) TELEF. 21 3857619 FAX 21 3844661 1250-225 LISBOA – PORTUGAL LIVRARIA ALMEDINA ATRIUM SALDANHA LOJA 31 PRAÇA DUQUE DE SALDANHA, 1 TELEF. 213712690 atrium@almedina.net LIVRARIA ALMEDINA – BRAGA CAMPOS DE GUALTAR, UNIVERSIDADE DO MINHO, 4700-320 BRAGA TELEF. 253678822 braga@almedina.net
EXECUÇÃO GRÁFICA:	G.C. – GRÁFICA DE COIMBRA, LDA. PALHEIRA – ASSAFARGE 3001-453 COIMBRA E-mail: producao@graficadecoimbra.pt OUTUBRO, 2001
DEPÓSITO LEGAL:	171562/01

Toda a reprodução desta obra, por fotocópia ou outro qualquer processo, sem prévia autorização escrita do Editor, é ilícita e passível de
procedimento judicial contra o infractor.

NOTA DE ABERTURA

Do esforço conjugado de várias vontades, surge a segunda obra de direito fiscal do Centro de Investigação Jurídico-Económica (CIJE) da Faculdade de Direito da Universidade do Porto.

Trata-se de uma compilação seleccionada de jurisprudência fiscal do Supremo Tribunal Administrativo, anotada por académicos e profissionais, com especialização ou experiência directa nos casos aqui reproduzidos.

Privilegiou-se a tributação do rendimento, com especial atenção dedicada ao IRC, nomeadamente tratamento de temas urgentes e actuais como o da tributação das provisões, lucros distribuídos e novo regime fiscal dos preços de transferência.

Simultaneamente, houve também a preocupação de tratar alguns aspectos processuais-fiscais bem como a sua inter-relação com aspectos de natureza substantiva ou material-fiscal (vide, recurso hierárquico, conceitos indeterminados e a sindicabilidade pelo Tribunal da sua "interpretação-aplicação").

Cumpre reconhecer o valioso contributo prestado pelo Prof. Saldanha Sanches (FDUL), Dr. Jaime Esteves (Oliveira, Martins, Moura, Esteves e Associados, Sociedade de Advogados) e Dr. João Silva Rodrigues (FDUC). Ainda, e pelo indispensável apoio organizativo, agradecemos ao Dr. Rogério Pereira (Supremo Tribunal Administrativo) e a todos aqueles que directa ou indirectamente tornaram possível esta obra.

Finalmente, uma palavra de apreço e simpatia ao Conselho Directivo da FDUP, à Susana Ribeiro e ao Miguel Coelho, e a todos os membros e colaboradores do CIJE pelo incentivo e disponibilidade demonstrados.

Porto, Agosto de 2001.

A Coordenadora,
Glória Teixeira.

SUMÁRIO DE ASSUNTOS

1. J. L. SALDANHA SANCHES (Professor Associado, Faculdade de Direito da Universidade de Lisboa), *O Regime Fiscal das Provisões* .... (p. 11-23)

2. GLÓRIA TEIXEIRA (Professora Auxiliar, Faculdade de Direito da Universidade do Porto, *Preços de Transferência: A Questão da Interpretação e Aplicação do artigo 57 do CIRC* .... (p. 27-61)

3. JAIME CARVALHO ESTEVES (OLIVEIRA, MARTINS, MOURA, ESTEVES e Associados), *Imposto sobre Sucessões e Doações cobrado por Avença e Directiva "Sociedades Mãe – Filiais" sobre Dividendos* .... (p. 65-88)

4. JOÃO SILVA RODRIGUES (Advogado, Docente da Faculdade de Direito da Universidade de Coimbra), *Conceitos Indeterminados e a Sindicabilidade pelo Tribunal da sua "interpretação-aplicação"* .... (p. 91-112)

SUPREMO TRIBUNAL ADMINISTRATIVO
SECÇÃO DE CONTENCIOSO TRIBUTÁRIO
CONTENCIOSO TRIBUTÁRIO GERAL

RECURSO: 23 089
RECORRENTE: PINHOGAL-MADEIRAS DE PORTUGAL, LDA.
RECORRIDA: FAZENDA PÚBLICA
RELATOR: EXMO. CONS. ANTÓNIO PIMPÃO

REC. N.º 23 089   ACÓRDÃO DE 02 DE JUNHO DE 1999

ASSUNTO: Provisões fiscalmente dedutíveis.

SUMÁRIO:

Nos termos do art. 34 1 a) do CIRC pode constituir-se provisão fiscalmente dedutível, nos termos da al. a) do n.º 1 do artigo anterior, relativamente a créditos de cobrança duvidosa, em que o risco de incobrabilidade se considere devidamente justificado, o que se verifica, em qualquer um dos casos a que se referem as diversas alíneas a) a c) e nomeadamente por ter o devedor pendente processo de falência.

As alíneas a), b) e c) do mesmo preceito são de aplicação disjuntiva por se tratar de normas alternativas (utilização da expressão seguintes casos) e não cumulativas.

Relator,
(*António José Pimpão*)

Acordam, em conferência, na 2.ª Secção do Supremo Tribunal Administrativo:

1. Pinhogal – Madeiras de Portugal, Lda., recorre do acórdão que, no Tribunal Central Administrativo, concedendo provimento ao recurso, revogou a sentença que havia julgado procedente a impugnação de IRC e, por isso, manteve a respectiva liquidação.

Alegou formulando o seguinte quadro conclusivo:

1.ª – A douta sentença "a quo" aplicou mal o direito face à matéria dada como provada e às conclusões bem formuladas pelo distinto Tribunal de 1.ª Instância de Coimbra;

2.ª – No caso "sub judice" não houve violação dos artigos 18.º, 33.º, 34.º, n.º 2, alínea d) do CIRC, antes pelo contrário, já que a recorrente aplicou bem na sua escrita essas normas que lhe permitiam constituir provisões para créditos de cobrança duvidosa, em 1989 e como é comprovadamente o crédito em causa;

3.ª – De facto, foi dado como comprovado que em 1989 – exercício em causa – existia um processo de falência no qual não havia sido proferida sentença, mas onde através de ofício do Tribunal se comunica a não existência de esperanças em receber aquele crédito;

4.ª – Bem como se encontra comprovado que face ao regime existente no antigo Código da Contribuição Industrial, entre 1984 e 1998, a recorrente foi constituindo provisões baseando-se apenas nos saldos contabilísticos dos clientes devedores;

5.ª – É pacífico ter sido com a entrada em vigor do actual artigo 34.º do CIRC que para constituição das provisões se passou a exigir a prova de terem sido realizadas diligências judiciais, mesmo para os créditos em mora há mais de 24 meses;

6.ª – Também aceitando o próprio Fisco que as diligências necessárias podem ser provadas por qualquer documento que evidencie a realização das mesmas, pelo que a carta de Advogado é suficiente para o efeito sob pena de se esvaziar de sentido as dignas funções do mesmo;

7.ª – No caso concreto, nunca houve qualquer prejuízo para o Estado, muito pelo contrário, a não ser assim considerado é a recorrente que ficará prejudicada pois se em 1984 havia acrescido o valor do crédito em causa e não forem agora consideradas as provisões, a mesma ver-se-á diminuída de um direito que inegavelmente lhe assiste;

8.ª – E não pode o Ex.mo. aplicador do direito pretender que a parte reconheça o direito apenas publicado em 1989 para contabilização da realidade anterior, sob pena de violação do princípio constitucional da não retroactividade em matéria fiscal;

9.ª – Por outro lado, não se pode confundir a simples realização de diligências com a definitividade de uma decisão judicial irrecorrível;

10.ª – É que em 1984, ao contrário do pensamento esplanado pelo douto acórdão "a quo", a recorrente ainda não podia ter constituído a provisão a 100%, como é evidente face à legislação aplicável – cfr. art. 33.º Código Contribuição Industrial e art. 13.º do Dec.-Lei n.º 442-B/88, de 30 de Novembro;

11.ª – E é o próprio acórdão ora recorrido que refere a existência de um processo de falência no qual em 24/01/84 *não fora ainda proferida* sentença;

12.ª – E se esse acórdão entende que nos autos não se comprova que em 1989 ainda estivesse a decorrer tal processo, o que não se admite nem como hipótese, é um facto que ao contrário de tal conclusão, a "simples" declaração de advogado comprova a existência de terem sido realizadas diligências no sentido da obtenção do crédito em causa nesse processo;

13.ª – E se o crédito ainda existia em 1989 (pois não foi recebido) obviamente que relativamente ao mesmo, com base naquela carta e face ao regime instituído pelo art. 34.° do CIRC, poderia ser constituída provisão a 100%, como a recorrente muito bem fez;

14.ª – Deverá assim decidir-se no sentido já definido na douta sentença da 1.ª Instância, com a anulação das liquidações adicionais efectuadas pelo Fisco, pois só assim se fará a merecida e esperada JUSTIÇA.

A ERFP entende que o recurso não merece provimento pois que não está provado nos autos que, em 1989, ainda estivesse a decorrer o processo de falência do devedor em causa, não se mostrando cumpridos, relativamente ao exercício de 1989, os requisitos do art. 34.° 1 do CIRC, pelo que, por força do princípio da especialização dos exercícios previsto no art. 18.° do CIRC, não podia ser constituída a provisão do crédito.

No mesmo sentido se pronuncia a EMMP.

2. O acórdão recorrido fixou o seguinte quadro factual:

1) A impugnante exerce a actividade de Comércio por grosso de maneira em bruto e produtos derivados, C.A.E. 51531 e é sujeito passivo de IVA, no regime normal colectado em IRC pela 2.ª Repartição de Finanças do concelho de Figueira da Foz;

2) A correcção aos valores indicados pela contribuinte resultaram de fiscalização efectuada à empresa em 03 de Fevereiro de 1994, pelos Serviços de Fiscalização, no âmbito de IVA e IRC, relativamente aos exercícios de 1989 a 1993;

3) Verificando-se que o valor de Esc. 7.756.557$00, deduzido ao prejuízo fiscal declarado no exercício de 1989, se refere à não aceitação como custo de provisões de uma cobrança duvidosa constituídas sobre a dívida total do cliente Peter Schmitz (Alemão);

4) Cliente a quem, por decisão do Tribunal Cível de Bochum (Alemanha) havia sido aberto Processo de Falência;

14   *Jurisprudência Fiscal Anotada*

5) Nos anos de 1984 e seguintes, até 1988, a impugnante constituiu reforços e ou reposições de Provisões para Créditos Duvidosos;

6) Estes movimentos de provisões incidiram sobre o saldo total de clientes, no qual estava incluído também o crédito do mencionado Peter Schmitz;

7) Constata-se a existência de um processo de falência no qual não havia ainda sido proferida sentença;

8) Considera-se reproduzido e provado o documento de fls. 48 dos autos, onde, designadamente, se consagra que «é comunicado que o Administrador da Falência informou a 26 de Maio de 1993, que as verbas disponíveis eram insuficientes, pelo que os credores da falência não têm de esperar quaisquer quotas»;

9) Aquando da introdução do Código do IRC o crédito referido existia há mais de 24 meses;

10) Em 1982, a impugnante contabilizou em Perdas Extraordinárias o valor de Esc. 7.756.556$00, referente ao crédito que detinha sobre aquele cliente;

11) Esta dívida do cliente alemão foi inicialmente considerada como incobrável, já em 1982, e nesse ano contabilizada como Perdas Extraordinárias;

12) Tendo, depois, em 1984, a impugnante voltado a debitar aquela importância em clientes de cobrança duvidosa, por contrapartida de outros ganhos imputáveis a exercícios anteriores;

13) Em 06.07.84, a impugnante apresentou uma declaração mod. 2 de substituição, corrigindo o quadro 18, apuramento do lucro tributável, com o acréscimo do valor em causa;

14) O que não chegou a ser considerado pelos Serviços de Fiscalização;

15) Quanto ao exercício de 1984, a impugnante na declaração mod. 2 desse ano, deduziu no quadro 18 da mesma o valor de Esc. 7.756.557$00, que, em referência ao ano de 1982 lhe havia sido acrescido;

16) Justificando tal procedimento no mapa demonstrativo de custos e proveitos de exercícios anteriores.

3.

3.1. O acórdão recorrido revogou a sentença proferida em 1.ª instância e manteve a liquidação. Para tanto entendeu que, dada como provada a existência de processo de falência instaurado em 1982 e ainda a decorrer em 1983, não se comprovando que em 1989 ainda estivesse a decorrer tal processo, assim como não comprovando a existência do crédito a simples declaração de advogado de não haver esperanças de o crédito vir a ser recebido em tal processo, não se mostrariam cumpridos os requisitos de que o art. 34.º do CIRC faz depender a constituição, no exercício de 1989, de provisão de créditos de cobrança duvidosa a 100%. Acrescenta que tais requisitos, previstos no n.º 1 do artigo 34.º do CIRC, devem verificar-se em relação ao exercício em que é efectuada a provisão. Conclui que nenhuma ligação existe ao exercício de 1989 pelo que se mostra, igualmente, violado o disposto no artigo 18.º do mesmo Código.

Sustenta a recorrente, em síntese, que se o crédito ainda existia em 1989 (pois não foi recebido) obviamente que relativamente ao mesmo, com base naquela carta a que se refere o probatório e face ao regime instituído pelo art. 34.º do CIRC, podia ser constituída provisão a 100%, como fez pois que, aquando da introdução do Código do IRC, o crédito referido existia há mais de 24 meses.

A questão controvertida resume-se em determinar se podia a recorrente constituir a mencionada provisão a 100%, em 1989, com fundamento na carta a que se refere o ponto 8) da matéria de facto provada da qual consta que «é comunicado que o Administrador da Falência informou a 26 de Maio de 1993, que as verbas disponíveis eram insuficientes, pelo que os credores da falência não têm de esperar quaisquer quotas»;

Importa, por isso, determinar se podia a recorrente deduzir para efeitos fiscais o valor de 7.756.557$00 como prejuízo fiscal do exercício de 1989 e que a AF não aceitou como custo de provisões de cobrança duvidosa constituídas sobre a dívida total do cliente Peter Schmitz a quem, por decisão do Tribunal Cível de Bochum (Alemanha), havia sido aberto Processo de Falência e no qual não havia ainda sido proferida sentença.

3.2. Nos termos do art. 33.º do CCI "apenas serão de considerar como provisões para efeito do disposto no n.º 8 do art. 26.º (que se refere às provisões que se consideram custos ou perdas imputáveis ao exercício):

a) As que tiverem por fim a cobertura de créditos de cobrança duvidosa, calculadas em função da soma dos créditos resultantes da actividade normal da empresa existentes no fim do exercício...".

Este artigo, conforme escreve Martins Barreiros e outros, CCI, 2.ª edição, 1986, p. 311, que passaremos a acompanhar, é uma limitação ao n.º 8 do art. 26.º do código que se refere às provisões em geral pelo que apenas são de considerar as provisões tipificadas e previstas nas alíneas a) e d) para a generalidade das empresas.

A contabilização das provisões baseava-se nos princípios contabilísticos da prudência, que aconselham que devem contabilizar-se as perdas ainda que potenciais, e da independência dos exercícios ou da sua especialização económica, que recomenda que sejam imputados ao exercício competente os encargos que lhe respeitam.

Nesta perspectiva deviam aceitar-se, para efeitos fiscais, as provisões para cobertura de créditos de cobrança duvidosa destinados a compensar aqueles créditos que se espera sejam incobráveis sendo o seu cálculo efectuado não pelo inventário dos créditos considerados duvidosos, mas sim por forma estatística, através de uma percentagem definida pela Administração que incidiria sobre o montante dos créditos resultantes da actividade normal existentes no fim do exercício.

Nesta perspectiva se entendia que o §2.º do mesmo art. 33 estabelecesse que "as provisões que não devam subsistir por não se terem verificado os eventos a que se reportam, e bem assim as que forem utilizadas para fins diversos dos expressamente previstos neste artigo, considerar-se-ão proveitos ou ganhos do respectivo exercício".

O DL 442-B/88, de 30-11, que aboliu a contribuição industrial, aprovou o CIRC, e determinou que o mesmo entrava em vigor no dia 01-01--1989 estabeleceu, no art. 13.º 2, sob a epígrafe provisões, que:

"o saldo em 01 de Janeiro de 1989 das provisões a que se referem as alíneas c) e d) do art. 33.º do CCI, aceites para efeitos fiscais com referência a exercícios anteriores, depois de deduzido o montante que delas tiver sido utilizado no exercício de 1989, nos termos que lhe eram aplicáveis, deve ser reposto nas contas de resultados dos exercícios encerrados posteriormente àquela data, para efeitos de determinação da matéria colectável de IRC, num montante até à concorrência do somatório dos seguintes valores:

b) Importância correspondente à constituição ou reforço no exercício em causa das provisões a que se referem as alíneas a) e b) do n.º 1 do art. 33.º do Código do IRC".

Pretendeu este preceito criar disposições transitórias relativamente às provisões que o CCI considerava custos definidas de forma diversa do CIRC. Por força deste preceito legal o diferencial entre o saldo, em 01-01--1989, das provisões referentes a anos anteriores e o montante utilizado no exercício de 1989 e a importância das provisões fiscalmente dedutíveis, nos termos das alíneas a) e b) do n.º 1 do art. 33.º do Código do IRC, no mesmo exercício, devia ser reposto nas contas de resultados dos exercícios

O Regime Fiscal das Provisões

encerrados posteriormente àquela data, para efeitos de determinação da matéria colectável de IRC.

O que bem se entende se se atentar, como já se referiu que este passou a adoptar critério diverso quanto às provisões fiscalmente dedutíveis. Nos termos do art. 33.º a) do CIRC podiam ser deduzidas para efeitos fiscais as provisões "que tiverem por fim a cobertura de créditos resultantes da actividade normal que no fim do exercício possam ser considerados de cobrança duvidosa e sejam evidenciados como tal na contabilidade".

Nesta perspectiva refere, ainda, o art. 34.º 1 do mesmo Código que: "para efeitos da constituição da provisão prevista na al. a) do n.º 1 do artigo anterior, são créditos de cobrança duvidosa aqueles em que o risco de incobrabilidade se considere devidamente justificado, o que se verificará nos seguintes casos:

a) O devedor tenha pendente processo especial de recuperação de empresas e protecção de credores ou processo de execução, falência ou insolvência;

b) Os créditos que tenham sido reclamados judicialmente;

c) Os créditos estejam em mora há mais de seis meses desde a data do respectivo vencimento e existam provas de terem sido efectuadas diligências para o seu recebimento.

O n.º 2 deste mesmo preceito legal estabelece que "o montante anual acumulado da provisão dos créditos referidos na al. c) do número anterior não poderá ser superior às seguintes percentagens dos créditos em mora:

d) 100% para créditos em mora há mais de 24 meses.

Nos termos do transcrito art. 34.º 1 do CIRC para efeitos da constituição da provisão prevista na alínea a) do n.º 1 do artigo anterior, são créditos de cobrança duvidosa aqueles em que o risco de incobrabilidade se considere devidamente justificado, o que se verificará quando o devedor tenha pendente processo de falência, os créditos tenham sido reclamados judicialmente, estejam em mora, há mais de seis meses, desde a data do respectivo vencimento e existam provas de terem sido efectuadas diligências para o seu recebimento.

A matéria factual fixada pelo Tribunal Central Administrativo encontra-se definitivamente assente não podendo ser alterada por este Tribunal.

Com efeito nos termos do art. 21.º 4 do ETAF este Tribunal "apenas conhece de matéria de direito nos processos inicialmente julgados pelos tribunais tributários de 1.ª instância".

Nos termos deste preceito legal e porque, na situação dos autos, estamos perante um processo, inicialmente, julgado pelo tribunal tributário de 1.ª instância, a Secção de Contencioso Tributário do STA "apenas conhece de matéria de direito".

Será contudo perante a matéria factual assente que terá de se determinar se podia a recorrente constituir a indicada provisão fiscalmente dedútivel e relativa ao não recebimento da quantia de 7.756.557$00.

Nos termos do mencionado art. 34 1 a) do CIRC podia constituir-se a provisão prevista na al. a) do n.º 1 do artigo anterior relativamente a créditos de cobrança duvidosa em que o risco de incobrabilidade se considere devidamente justificado, o que se verificaria, em qualquer um dos casos a que se referem as diversas alíneas a) a c).

Podia, por isso, a recorrente constituir tal provisão por, nos termos da al. a), ter o devedor pendente processo de falência conforme resulta da matéria de facto assente.

O que bem se compreende pois que se o credor vier a receber qualquer importância da falência imediatamente será levado á conta de resultados desse mesmo exercício.

Torna-se, nos termos expostos, desnecessário averiguar se se verificam os demais requisitos a que se referem as alíneas b) e c) do mesmo preceito por se tratar de normas alternativas (utilização da expressão seguintes casos) e não cumulativas.

Assim sendo entende-se que não pode manter-se o acórdão em apreciação.

1. Termos em que se acorda em conceder provimento ao presente recurso, em revogar o acórdão recorrido em conceder provimento à impugnação e em anular o acto tributário da liquidação impugnado.

Sem custas.

Lisboa, 02 de Junho de 1999

António Pimpão
Baeta de Queiróz
Lúcio Barbosa
António Mota Salgado

ANOTAÇÃO

1. O Regime Fiscal das Provisões

1. O âmbito de escolha das empresas para a decisão sobre a realização das provisões constitui uma das zonas mais densamente regulamentadas do Código do IRC.

E bem se compreende que assim seja: a realização de provisões, orientada pelo princípio da prudência e conduzindo sempre a uma redução do lucro distribuível e do lucro tributável é o meio mais simples de obter um adiamento de tributação.

E por isso facilmente se pode entender que estejamos numa zona onde a lei, em vez de confiar ao sujeito passivo do imposto uma ampla possibilidade de escolha quanto à realização das provisões, cabendo a este descobrir o melhor caminho para a obtenção de um resultado obtido mediante o recurso aos sãos princípios da contabilidade – um conceito impregnado de um conteúdo normativo que ainda hoje pode ser usado – preferiu delimitar cuidadosamente a sua decisão.

Criando os pressupostos jurídicos para o *an* e o *quantum* das provisões.[1]

A opção por regras muito específicas em vez da opção por uma definição geral de princípios e consequente responsabilização do decisor contabilístico pela escolha dos meios para obtenção dos fins, como sucedeu na legislação fiscal portuguesa, tem um conhecido inconveniente: conduzir a que, em algumas situações, nos possamos encontrar perante créditos que de acordo com o objectivo constitucional de tributação segundo o lucro real deveriam ser reconhecidos sem que isso pareça caber na previsão normativa.

E isto sucede porque o legislador fiscal em Portugal, adoptando ainda nestes casos o modelo francês[2] com a sua regulamentação minuciosa, em contraste com a maior responsabilização da empresa que caracteriza o modelo alemão.[3]

---

[1] A existência de regras específicas para o balanço fiscal que em alguns casos podem comprometer a função do balanço de proporcionar *true and fair view* das contas da empresa não é só um problema português. V. ESSERS/de BONT, *Liabilities,* in de BONT//ESSERS/KEMMEREN, Fiscal Versus Commercial Profit Accounting in the Netherlands, France and Germany, 105-118.

[2] Sobre o modelo francês ESSERS/de BONT (nt1) 115-116.

[3] WEBER-GRELLET, *steuerbilanzrecht* (München 1996) 140.

Regulamentação particularmente densa no caso das dívidas: em que os diversos prazos da mora vai corresponder a maior ou menor permissão para provisionar.

2. A Diversa Intensidade da Regulação

2. Se isto é assim no caso das dívidas, já o mesmo se não passa na zona das provisões para litígios em curso.

Aqui o que encontramos é apenas o art. 33.° do CIRC que nos diz podem ser feitas provisões que se destinem a ocorrer a obrigações e encargos derivados de processos judiciais em curso por factos que determinam a inclusão daqueles entre os custos de exercício.

E pouco mais.

Contudo, como afirma FREITAS PEREIRA, tem de haver regras claras quanto ao momento de constituição de provisões para que estas não sejam feitas apenas para maximizar as economias fiscais.[4]

Mas como também o mesmo autor escrevia posteriormente em relação a provisões para riscos e encargos no caso particular das provisões constituídas para processos judiciais em curso e pensões de reforma "é mais difícil, dada a sua natureza, estabelecer regras precisas".[5]

E dada esta ausência de regras no balanço fiscal, as regras para o momento em que deve ser feita a provisão têm que ser encontradas nos princípios contabilísticos.

Com as consequentes dificuldades para a decisão: uma vez que quando a lei impõe um critério, bem ou mal, já sabemos que regime deve ser aplicado.

Mas quanto aos princípios contabilísticos geralmente aceites, os tais que a Administração fiscal invoca com grande à vontade, temos de primeiro determinar quais são os aplicáveis. Serão aplicáveis, por exemplo, os que se vão sendo definidos pelos padrões internacionais de contabilidade?

Se dúvidas houvesse a tal respeito, elas foram recentemente resolvidas: o Decreto-Lei n.° 367/99 de 18 de Setembro, na alínea c) do art. 2.°, veio criar um mecanismo de homologação pelo Ministro das Finanças das

---

[4] FREITAS PEREIRA, *Regime Fiscal das Provisões – Elementos para a sua Revisão,* CTF 292-294 (1983) 23.

[5] FREITAS PEREIRA, *A Periodização do Lucro Fiscal* (Lisboa 1988) CTF n.° 152, 173.

directrizes da Comissão de Normalização Contabilística que passam a ser " de efeito obrigatório".

Tendo uma directriz anterior (todas as directrizes já publicadas foram objecto de homologação por esse decreto) feito uma remissão genérica para os *International Accounting Standards,* como fonte genérica de direito contabilístico.[6]

Temos por isso os princípios contabilísticos geralmente aceites tal como se encontram codificados nos *International Accounting Standards* como normas que podem ser aplicadas à resolução deste caso.

3. O Recurso aos Padrões Internacionais

3. De uma forma pouco pensada, e sem grandes explicações, o legislador consagrou a transição dos sãos princípios da contabilidade invocados pelo Código da Contribuição Industrial para os princípios contabilísticos geralmente aceites impostos pela evolução na contabilidade. E mais tarde, como esses princípios estão consagrados em vários padrões, com várias origens, escolheu os IAS – os *International Accounting Standards* – como padrão de referência.[7]

A situação, quanto a fontes de direito, é assim um pouco mais clara do que na época em que a provisão foi feita.

Um pouco mais clara.

Porque a remissão para fontes de direito como os standards contabilísticos como norma que sirva de regra de conduta – *regula agendi* – para as decisões contabilísticas da empresa é a prova provada que não estamos perante questões tão clarificadas que possam ser resolvidas por uma determinada norma jurídica: um comando legal que exprima com precisão, de forma tão clara quanto possível, os deveres contabilísticos das empresas.

---

[6] Para uma descrição mais pormenorizada deste processo v. do autor, *Problemas Jurídicos da Contabilidade (O Direito Contabilístico e as suas Fontes)* e *As Novas Regras do Direito Contabilístico* (nota de actualização) in Estudos de Direito Fiscal e Contabilístico (Coimbra 2000).

[7] *International Accounting Standards* são publicados anualmente pelo *International Accounting Standards Committee.* Sobre a evolução nesta área no espaço europeu McLeay, *Accounting Regulation in Europe* (London 1999). Em resultado das decisões da Cimeira de Lisboa sobre a informação nos mercados financeiros a Comissão Europeia comprometeu-se até ao fim do ano 2000 a fazer uma proposta formal para que as empresas europeias apresentassem as suas contas de acordo com os IASs até ao ano 2005. Bruxelas, 13.06.2000 COM (2000) 359 final.

Por isso encontramos na subsecção IV do CIRC regras muito precisas para muitos tipos de provisões para litígios judiciais.

E por se proceder à aplicação de princípios contabilísticos e não de um comando contido na norma jurídica tradicional existe uma inescapável margem de decisão – decisão tomada sem apoio legal inequívoco – como sucede muitas vezes no direito contabilístico.

Foi por isso a IV Directiva de 1978 da CEE determinando, no seu parágrafo 3, que as contas anuais deverão dar "uma imagem fiel do património, da situação financeira, assim como dos resultados da sociedade".

E, como é desta "imagem fiel do património" que pode resultar a "fiabilidade" que se pretende que tenham as contas da sociedade, o n.º 5 do art. 2.º dispõe:

"Se em casos excepcionais, aplicação de uma disposição da presente directiva se revelar contrária, deve derrogar-se a disposição em causa, de modo que seja dada uma imagem fiel".

Consagrando a liberdade e responsabilidade da empresa quanto às decisões contabilísticas ao optar por uma obrigação de resultado em vez de uma obrigação de meios.

E valendo aqui os princípios como o que encontramos no *International Accounting Standard 37* (1998) segundo o qual só pode fazer-se uma provisão se existir "uma estimativa digna de confiança do montante da obrigação".

4. Falência e Dívida com mais de 24 meses

4. No caso tratado pelo presente acórdão estamos naquela zona de regulamentação densa: regulamentação suficientemente densa para que se corra o risco de algumas consequências inesperadas devidas à dificuldade de controlo da decisão (ou por outras palavras: à rigidez da norma legal) mas que deveriam permitir, nos casos normais, uma sua aplicação mais fácil. Quando se verifica uma coincidência entre a previsão expressa da norma e um caso concreto.

O que não sucedeu neste caso.

Tratando-se de provisões para créditos de cobrança duvidosa existiam como possibilidade de aplicação, como sublinha o acórdão "As alíneas a), b) e c) do art. 33.º do CIRC que "são de aplicação disjuntiva por se tratar de normas alternativas (utilização da expressão seguintes casos) e não cumulativas".

Ou seja: neste caso concreto a sociedade poderia fazer a provisão a 100% por se tratar de uma dívida em mora à mais de 24 meses ou pelo facto do devedor estar em processo de falência.

A posição da Administração fiscal referida no texto do acórdão e segundo a qual " não se mostrando cumpridos, relativamente ao exercício de 1989, os requisitos do art. 34.° 1 do CIRC, pelo que, por força do princípio da especialização dos exercícios, previsto no art. 18.° do CIRC, não podia ser constituída a provisão do crédito" dificilmente pode ser compreendida.

Uma vez que nos parece indiscutível, ainda que o acórdão se não pronuncie a tal respeito, que quanto ao momento de feitura de uma provisão o art. 18.° do CIRC dificilmente será aplicável:

Verificados os pressupostos de realização de uma provisão o decisor contabilístico está investido de um poder-dever: uma permissão normativa que é, ao mesmo tempo, um escrito dever de conduta.

E a decisão de fazer a provisão neste ou naquele ano – nos casos em que haja um espaço para a decisão da empresa – vai ser feita segundo os princípios que regem a feitura de provisões e não a imputação, em abstracto e em termos gerais, dos custos e proveitos de determinados exercícios. O que constitui a função primordial do art. 18.° do CIRC.

J. L. SALDANHA SANCHES

SUPREMO TRIBUNAL ADMINISTRATIVO
SECÇÃO DE CONTENCIOSO TRIBUTÁRIO
CONTENCIOSO TRIBUTÁRIO GERAL

RECURSO: 25 744
RECORRENTE: COMP.ª PORTUGUESA DE HIPERMERCADOS, S.A.
RECORRIDA: FAZENDA PÚBLICA
RELATOR: EXMO. CONS. JORGE DE SOUSA

REC. N.º 25 744   ACÓRDÃO DE 14 DE MARÇO DE 2001

ASSUNTO: Preços de transferência. Existência de relações especiais.
Ónus da prova.

SUMÁRIO:
1. A nulidade de acórdão por omissão de pronúncia ocorre quando o tribunal deixar de apreciar questão que devia conhecer, mas não quando o mesmo não considerou provados determinados factos.

2. As correcções às declarações dos contribuintes necessárias para a determinação da matéria colectável de I.R.C., podem ser efectuadas se se demonstrar que, em contrato de compra e venda de acções, em virtude de relações especiais entre os contraentes, foram estabelecidas condições diferentes das que seriam normalmente acordadas entre pessoas independentes.

3. Cabe à Fazenda Pública o ónus da prova das condições que seriam normalmente acordadas entre pessoas independentes, pelo que, em caso de dúvida sobre a divergência entre o valor acordado para a transmissão e o valor que seria normalmente acordado entre pessoas independentes, o acto de correcção deve ser anulado.

Relator,
(*Jorge Manuel Lopes de Sousa*)

Acordam na Secção do Contencioso Tributário do Supremo Tribunal Administrativo:

1. COMPANHIA PORTUGUESA DE HIPERMERCADOS, S.A., interpôs no Tribunal Central Administrativo recurso contencioso do despacho do Senhor Secretário de Estado dos Assuntos Fiscais, de 10-12-97,

que indeferiu o recurso hierárquico que interpusera, nos termos do art. 112.º do C.I.R.C., da decisão de correcção da matéria colectável de I.R.C. do ano de 1993.

O Tribunal Central Administrativo negou provimento ao recurso.

Inconformada, a recorrente interpôs o presente recurso para este Supremo Tribunal Administrativo, apresentando alegações com as seguintes conclusões:

A)

I. A título preliminar, conforme resulta do Relatório constante do Acórdão recorrido, constata-se que o M.º juiz a quo omitiu, e nessa medida, *não se* pronunciou, sobre factos alegados pela recorrente e ora alegante cuja prova foi produzida documentalmente, a saber:

   i) Estudo de avaliação da empresa realizado pelo BPI em Agosto de 1991 (Doc. N.º 14, junto com a P.I. de recurso contencioso);

   ii) Estudo da situação económica e financeira da SUPA, elaborado pelo banco inglês SG Warburg K Co (Doc. n.º 15 junto com a PI de recurso contencioso);

   iii) Propostas negociais, designadamente a apresentada pelo Jerónimo Martins (Docs. n.ºs 16, 17 e 18 junto com a P.I. de recurso contencioso).

II. A prova de tais factos é essencial para a boa decisão da causa, porquanto neles se fundaram os alegados vícios de forma por falta de fundamentaçao e os vícios de violação de lei por erro quanto aos pressupostos de facto e de direito.

III. De harmonia com o artigo 668, n.º 1, alínea d) do CPC, devidamente conjugado com o n.º 2 do art. 660.º do mesmo Código, ambos aplicáveis "ex vi" do art. 1.º da LPTA, a sentença é nula quando o juiz deixa de se pronunciar sobre questões que devesse apreciar ou conhecer de questões de que não poderia tomar conhecimento.

IV. Em consequência, a omissão de pronúncia relativamente aos factos cuja prova documental foi produzida determina a nulidade do Acórdão ora em análise, que aqui se invoca para todos os efeitos legais.

B)

V. O Acórdão recorrido, ao aderir à fundamentação sustentada pela autoridade recorrida relativamente à determinação da existência de relações especiais, fez uma errada aplicação e interpretação do artigo 80.° do CPT devidamente conjugado com os artigos 57.° e 57.°-C n.° 2 ambos do Cód. do IRC bem como do art. 124.° do CPA.

Assim, e em primeiro lugar:

QUANTO À FUNDAMENTAÇÃO DA EXISTÊNCIA DE RELAÇÕES ESPECIAIS

VI. O conteúdo e os requisitos da fundamentação estão hoje expressos no art. 124.° do CPA, do qual resulta, inequivocamente, a necessidade de esclarecer, concretamente, a motivação do acto através da exposição dos fundamentos de facto e de direito de uma forma clara, coerente e completa.

VII. O art. 57.° do CIRC, aplicável às "correcções no caso de relações especiais", por tratar-se de uma norma de incidência que colide com os direitos e garantias fundamentais do contribuinte, determinou o legislador a consagrar, quanto a tal matéria, um dever de fundamentação especial sempre que as leis tributárias permitam que a matéria tributável do sujeito passivo seja corrigida com base em relações especiais (art. 80.° do CPT).

VIII. Nos termos do art. 80.° do CPT sempre que as leis tributárias permitam que a matéria tributária seja corrigida com base em relações especiais entre o contribuinte e terceiro e verificando-se o estabelecimento de condições diferentes das que se verificariam sem a existência de tais relações, a fundamentação das correcções obedecerá aos seguintes requisitos:

i) Descrição de relações especiais;
ii) Descrição dos termos em que normalmente decorrem operações da mesma natureza entre pessoas independentes e em idênticas circunstâncias;
iii) Descrição e quantificação do montante efectivo que serviu de base à correcção.

IX. No que se refere ao primeiro dos pressupostos legais citados – Descrição de relações especiais – de acordo com a Jurisprudência e Doutrina dominantes, há que chamar à colação o disposto no n.º 2 do art. 57.º-C do CIRC, nos termos do qual, considera-se que existem relações especiais entre um sujeito passivo e uma entidade não residente quando:

i) A entidade não residente detenha uma participação directa ou indirecta no capital do sujeito passivo de, pelo menos, 25%;

ii) A entidade não residente, sem atingir esse nível de participação, exercer, de facto, uma influência significativa de gestão;

iii) A entidade não residente e o sujeito passivo estejam sob o controlo da mesma entidade, nomeadamente em virtude de por estas serem participadas directa ou indirectamente.

X. O Douto Acórdão começa por sustentar, em concordância com a tese sustentada pela AF, que a existência de relações especiais decorre do facto de a recorrente (CPH) ser detida indirectamente por quadros da empresa adquirida (SUPA), o que determinou que esta tenha financiado a sua própria aquisição, apesar de reconhecer existirem documentos comprovativos do reembolso do financiamento.

XI. No entanto, resulta, igualmente, da motivação explanada no Douto Acórdão (Cfr. à 40 do Acórdão recorrido) que o M.º juiz a quo acolheu a argumentação tecida no Despacho, segundo a qual a recorrente CIH, não era directamente participada pela PAINTER nem esta por aquela, pelo que, a ser aplicado algum critério previsto no n.º 2 do art. 57-C do CIRC, seria o da influência significativa na gestão do sujeito passivo.

XII. Ou seja, o Douto Acórdão depois de considerar e reconhecer que as entidades entre as quais se deve aferir as relações especiais são o sujeito passivo adquirente – CIH e a entidade alienante PAINTER, de acordo com o critério da influência significativa na gestão no sujeito passivo, previsto na alínea b) do n.º 2 do art. 57.º-C do CIRC,

XIII. Acaba por "inverter" o pressuposto legal de onde partira, para concluir que as relações especiais deverão afinal verificar-se entre a CIH e a SUPA de acordo com o critério da participação indirecta, previsto na alínea a) do n.º 2 do art. 57.º-C do CIRC.

XIV. Para além da manifesta contradição relativamente aos critérios legais aplicáveis (que provam a manifesta incoerência da fundamentação do Despacho recorrido a que aderiu), o Tribunal recorrido não logrou demonstrar e fundamentar em que medida qualquer um dos pressupostos se aplicaria ao caso sub judice.

XV. Assim, o M.° juiz a quo não demonstrou em que medida a PAINTER exercia uma influência significativa na gestão do sujeito passivo – a CIH: tal critério não poderia ser legitimamente demonstrado na medida em que:

XVI. A alínea b) do n.° 2 do art. 57.°-C que consagra o critério da influência significativa na gestão do sujeito passivo, deve ser aferido pelo sub-critério dos direitos de voto e pelo da acção concertada entre os detentores do capital. (Cfr. Maria dos Prazeres Lousa, em C.T.F., n.° 383, págs. 9 e seg.).

XVII. Ora, ao tempo de verificação dos factos relevantes, isto é, no momento em que realizou a aquisição das acções da SUPA, a CIH era detida, pela totalidade do capital social pela JUMBO, facto este não contestado pelo Douto Acórdão.

XVIII. Por seu turno, a PAINTERLUX a PAINTERBVI bem como os demais particulares que eram detentores das acções da SUPA, eram entidades independentes e autónomas, sem qualquer relação com a CIH.

XIX. Pelo que, no caso vertente, o M.° juiz a quo não demonstrou, nem poderia fazê-lo por tal se opor a realidade dos factos e o direito, quais os direitos de voto ou qual a acção concertada entre a PAINTERBVI, a PAINTERLUX e a CIH que permitissem concluir pela existência de uma influência significativa de gestão.

XX. Mas, quanto ao segundo dos critérios legais constantes do Acórdão recorrido, ou seja, o critério da detenção indirecta da CIH (sociedade adquirente) por *quadros dirigentes* da SUPA (objecto da transacção) quer a autoridade recorrida quer o Douto Acórdão, não lograram provar e demonstrar a aplicação da alínea a) do n.° 2 do art. 57.°-C do CIRC.

XXI. Na verdade, nos termos da lei, o critério da participação directa ou indirecta é aferida pela detenção de uma percentagem qualificada no capital social do sujeito passivo.

XXII. Ora, a SUPA, S.A., não detinha qualquer participação, ainda que indirecta, no capital social da CIH.

XXIII. O facto de um conjunto de empregados da SUPA, ter procedido à aquisição do capital social da JUMBO, que por sua vez detinha a CIH não nos permite concluir, nos termos da lei, tratar-se uma participação indirecta.

XXIV. De facto, não se retira dos autos qualquer prova de que os quadros dirigentes da SUPA, sejam igualmente titulares do respectivo capital social, e, nessa medida, ao deterem uma participação na JUMBO, que por sua vez detém a CIH, tenham uma participação, ainda que indirecta, no capital social desta sociedade.

XXV. Por outro lado, ainda que, em abstracto, se considerasse implicitamente na motivação do Douto Acórdão (ainda que tal não decorra expressamente do seu texto), que foi intenção do M.º juiz demonstrar a aplicação do critério da influência dos quadros dirigentes da SUPA na gestão da CIH, tal premissa não foi manifestamente demonstrada, nem o poderia ser.

XXVI. De facto, o Douto Acórdão não logrou provar em que medida a SUPA (objecto da transação), através dos seus quadros dirigentes, exerceu qualquer tipo de influência junto dos accionistas da CIH para que esta procedesse à aquisição das acções,

XXVII. Bem como, não demonstrou, em que medida os quadros dirigentes da SUPA poderiam exercer influência junto dos seus accionistas (PAINTERLUX e PAINTERBVI) com o objectivo de que estes procedessem à alienação das acções representativas do seu capital por um "preço de favor".

XXVIII. À motivação precedente, o Acórdão recorrido acrescenta apenas um argumento adicional procurando reforçar a sua tese, seja o de que todas as empresas envolvidas – PAINTER LUX, PAINTER BVI, SUPA e JUMBO faziam parte do mesmo grupo económico (Grupo Pão-de-Açucar).

XXIX. Conforme repetidas vezes foi alegado e reiterado pelo recorrente, ora alegante, a transação em causa foi realizada entre a CIH, a

Preços de Transferência. Existência de Relações Especiais. Ónus da Prova 33

PAINTER LUX, a PAINTER BVI e demais particulares para a aquisição das acções da SUPA.

XXX. A JUMBO não fazia parte de qualquer grupo económico, nomeadamente do grupo Pão-de-Açucar, tratando-se apenas, de uma empresa inactiva pertencente à Companhia Brasileira de Distribuição, que foi adquirida por alguns representantes de quadros da SUPA.

XXXI. Pelo exposto, o Douto Acórdão, ao manter a fundamentação do Despacho recorrido relativamente à descrição de relações especiais, fez errada interpretação e aplicação do disposto nos artigos 124.° do CPA e a alínea a) do 80.° do CPT, devidamente conjugado com os artigos 57.° e 57.°-C, n.° 2 do CIRC, na medida em que não fundamentou em que medida se considera verificado o primeiro dos pressupostos legais que determinou a correcção da matéria colectável à ora alegante.

QUANTO À FUNDAMENTAÇÃO E DETERMINAÇÃO DO PREÇO DE LIVRE CONCORRÊNCIA

XXXII. A Administração Fiscal, para efeitos de correcção do lucro tributável nos termos do artigo 57.° do CIRC, deve determinar o preço de plena concorrência para fazer a comparação entre o preço praticado pela recorrente e aquele "que normalmente seria acordado entre empresas independentes, relativamente a operações idênticas ou similares, no mercado livre" (Preços de transferência e empresas multinacionais, OCDE, 1979).

XXXIII. Nos termos da al. b) do art. 80.° do CPT, a fundamentação da correcção deve descrever e quantificar o montante efectivo que serviu de base à correcção.

XXXIV. O Relatório da OCDE de 1979, complementado pelo Relatório de 1984, sobre preços de transferência e empresas multinacionais constitui um marco fundamental na indicação das metodologias apropriadas à determinação do preço de livre concorrência.

XXXV. No que respeita aos métodos a aplicar, o relatório aponta três, como preferenciais:
   i) Método da comparação com o preço de mercado de plena concorrência;

j) Método de preço de revenda e
k) Método do preço de custo acrescido de uma margem de lucro.

XXXVI. É igualmente de salientar, que a recente Proposta de Reforma fiscal apresentada pelo Governo – Proposta de lei n.° 46/VIII – vem tomar evidente a aplicação dos aludidos métodos para uma legítima correcção à matéria colectável. (Vd. Novo artigo 57.° da referida Proposta).

XXXVII. A proposta de correcção dos preços formulada pelos Serviços foi a seguinte:
i) Propõem que a compra de 7.493.224 acções da SUPA, S.A., efectuada pela ora alegante à *PAINTERLUX* ao preço unitário de 4.400$00 seja corrigido para 2.000$00;
ii) Que a compra de 6.776 acções da SUPA efectuada pela ora alegante a particulares ao preço unitário de 6.045$00 seja corrigido para um valor unitário de 2.000$00 e
iii) Que a venda de 750.000 acções da SUPA efectuada pela ora alegante à JUMBO, S.A. a um preço unitário de 66$70 seja corrigido para um valor unitário de 2.000$00.
iv) De notar que a venda de 2.775.000 de acções, durante o exercício de 1993, pelo valor de 2.800$00 aos adquirentes *ENTREPOSTO, PAINTERBVI, JUMBO, S.A.; CISF, S.A.; CISF RISCO, OCIDENTAL E OCIDENTAL* VIDA não foram objecto de qualquer correcção por parte da AF que aceitaram como bom o preço de venda de 2.800$00.

XXXVIII. Expostos os factos com relevância para a decisão da causa e de acordo com o Acórdão recorrido, são legitimadas as correcções ao preço de compra das acções da SUPA pela CIH para 2.000$00 porquanto:
i) O preço de revenda (2.000$00) das acções ao ENTREPOSTO, enquanto entidade independente, foi o considerado pela AF para corrigir o valor contabilizado.

XXXIX. Antes de mais, o Tribunal recorrido começa por fundamentar a concordância com a correcção efectuada pelos Serviços ao preço de aquisição das acções, por comparação com o preço de venda das mesmas acções.

XL. Não se vislumbra, como pode o Tribunal recorrido ter como válida uma correcção ao preço de aquisição das acções por comparação com o preço de venda, sem considerar qualquer margem de lucro.

XLI. Por outro lado, não se vislumbra como, sendo ENTREPOSTO, a única entidade independente na operação em causa (o que, desde já se contesta – como se demonstrou – pela inexistência de relações especiais entre as entidades envolvidas) porque razão não considerou o Tribunal a quo, uma correcção do preço da aquisição para 2.800$00, valor de venda das acções reportado a 1993, relativamente à mesma entidade.

XLII. Ou seja, se é legítimo e se considera provado um ganho na venda das acções ao ENTREPOSTO em 1993, também seria legítimo apurar igual ganho relativamente ao valor das acções vendidas à mesma entidade em 1992.

XLIII. De acordo com o Douto Acórdão a correcção do valor de compra das acções considera-se ainda devidamente fundamentado, na medida em que:

    ii) Em condições normais, o valor da compra reflectiria aproximadamente o valor contabilístico dos títulos transmitido pelo Balanço consolidado em 31/12/91 da SUPA, isto é, de 1.676$00.

XLIV. É manifesta a "confusão" do M.º juiz a quo ao acolher a tese sustentada pela autoridade recorrida.

XLV. Ora aplica critério do preço de venda, ora aplica o critério do valor contabilístico. Afinal, fica a alegante sem resposta sobre quais os métodos preferencialmente sugeridos pela OCDE que foram aplicados pela autoridade recorrida e pelo Tribunal a quo.

XLVI. A ser aplicado o método de comparação com uma empresa independente – no entender do Douto Tribunal, o Entreposto – porque não foi considerado o valor de 2.800$00 correspondente às acções vendidas em 1993 a essa mesma entidade?

XLVII. Por outro lado, admitindo-se a legalidade da abordagem do preço de aquisição por recurso ao valor contabilístico dos títulos, como próximo da aplicação do Método do "preço justo", tecnicamente, a fundamentação desta metodologia não se mostra adequada porquanto o método de preço de custo é estimado, acrescendo ao preço *uma margem de lucro adequada*, o que não foi feito.

XLVIII. Assim, a metodologia utilizada pela autoridade recorrida, e reiterada no Douto Acórdão para a determinação do preço de aquisição das acções da SUPA pela CIH não é, no entender da alegante, nem clara nem suficiente.

XLIX. Mas, conforme decorre do Douto Acórdão, é suscitado ainda outro facto para sustentar a correcção do preço de compra:

> *iv*) A venda das acções ao ENTREPOSTO foi efectuada apenas quatro meses após a respectiva aquisição.

L. É de presumir, com este juízo meramente conclusivo, que o Douto Acórdão sustenta a tese da entidade recorrida de acordo com a qual a desvalorização dos títulos não é justificada no período de quatro meses.

LI. Ora, conforme a alegante teve a oportunidade provar documentalmente, existiram factos, sobre os quais o tribunal não se pronunciou que fundamentam em que medida, não só, o valor real dos títulos transaccionados, como também as razões económicas e financeiras que determinaram a respectiva desvalorização.

LII. A verdade é que a própria autoridade recorrida, relativamente a tal matéria, reconheceu validade aos argumentos apresentados pela recorrente e ora alegante: "Quanto ao preço de aquisiçao praticado e objecto de correcção, parece-nos que, não obstante se reconhecer alguma validade aos argumentos invocados pela recorrente – existência de avaliações efectuadas por pessoas de idoneidade e independência inquestionáveis e oferta de independente (Jerónimo Martins) (..) o certo é que se nos afigura estar em causa uma operação de grande complexidade para obter vantagens fiscais" Ponto 5.1. al. b) do Despacho – sublinhado nosso.

LIII. Temos por conseguinte que, o tribunal recorrido em vez de se basear no valor da aquisição correspondente ao real valor do mercado – para o que tinha como termo de comparação uma "oferta de independente", fê-lo de acordo com o valor contabilístico, ao arrepio de todas as normas aplicáveis e mediante o exercício de um poder meramente arbitrário, confirmando, aliás, a actuação da autoridade recorrida.

LIV. O último argumento aduzido pelo Tribunal recorrido para a correcção ao preço de venda das acções da SUPA foi o de que:

v) No que se refere ao preço praticado em 1992 na venda de 10% do capital da SUPA à JUMBO foi referido entre as partes que tal aquisição era feita a um preço simbólico.

LV. É manifestamente descontextualizada tal afirmação: se o Tribunal tivesse atendido à prova documental apresentada pela recorrente, e, mais especificamente, ao contrato de compra e venda a que alude, teria concluído que o "simbolismo" a que se refere o contrato, é o de que a gestão da SUPA fosse assegurada pelas mesmas pessoas que vinham da situação anterior, o que constitui a garantia da sua continuidade e desenvolvimento numa empresa com tecnologia e capital portugueses.

LVI. Pelo que, por estes motivos, como se invocou e se reitera, o Acórdão recorrido fez errada interpretação e aplicação do art. 80, alíneas b) e c) do CPT, devidamente conjugado com os artigos 124.° do CPA e 57.° do CIRC na medida em que não fundamentou os termos em que normalmente decorrem operações da mesma natureza entre pessoas independentes e em idênticas circunstâncias, nem descreveu/quantificou o montante efectivo que serviu de base à correcção, devendo, também por este fundamento ser revogado. (Neste sentido se pronunciou a nossa Jurisprudência recente no acórdão do STA de 06 de Novembro de 1996, in CTF n.° 385).

C)

PRETERIÇÃO DE FORMALIDADES ESSENCIAIS

LVII. A C.P.H. ora alegante, no recurso hierárquico e depois nos artigos 180.° a 213.° da sua petição inicial do recurso contencioso, sustentou e fez prova documental de que o preço praticado na operação em causa, foi a que resultou de avaliações objectivas de acordo com o preço de mercado.

LVIII. Impunha-se, pois, quer à autoridade recorrida quer ao Tribunal a quo ter em conta os elementos objectivos que determinaram o valor da transacção realizada para a determinação do preço de livre concorrência. O que não fizeram.

LIX. E isto, apesar de a autoridade recorrida "reconhecer alguma validade aos argumentos da recorrente" quanto à determinação do preço de aquisição.

LX. A amplitude do conceito de formalidade legal, defendida maioritariamente pela Jurisprudência, permite-nos concluir que a violação de preceitos imperativos pode atingir quer a forma ou configuração legal externa do acto.

LXI. Consequentemente, a alegante conclui e reitera, que a falta de cumprimento dos requisitos a que aludem os artigos 91.° do CPT e 112.° do CIRC consubstancia um vício de forma por preterição de formalidades essenciais o que constitui igualmente fundamento de revogação do Acórdão recorrido por violação do disposto d) do art. 120.° do CPT, como se peticiona.

D)

LXII. Quanto aos alegados vícios de violação de Lei, o Tribunal "a quo" ao entender fundamentada, de facto e de direito, a correcção efectuada pela AF à matéria colectável declarada pela recorrente, fez errada interpretação e aplicação dos artigos 57., 57.°-C do CIRC, 80.° do CIRC, 9.° da Convenção Modelo da OCDE, 121.° do CPT e 103.°, n.°s 2 e 3, 165.°, n.° 1 da CRP, pelo que, também com estes fundamentos, deverá o Acórdão recorrido ser revogado e, em consequência, anulado o despacho recorrido.

Assim:

DA VIOLAÇÃO DOS ARTIGOS 57.° DO CIRC E 9.° DA CONVENÇÃO MODELO DA OCDE

LXIII. Nos termos do art. 57.° do CIRC, "A Direcção Geral das Contribuições e Impostos poderá efectuar as correcções que sejam necessárias para a determinação do lucro tributável sempre que, em virtude das relações especiais estabelecidas entre os contribuintes e outra pessoa, sujeita ou não a IRC, tenham sido estabelecidas condições diferentes das que seriam normalmente acordadas entre pessoas independentes, conduzindo a que o lucro apurado com base na contabilidade seja diverso do que o que se apuraria na ausência de tais relações."

Preços de Transferência. Existência de Relações Especiais. Ónus da Prova   39

LXIV. De modo a ultrapassar a deficiente formulação legal do preceito, há que atender, não apenas ao art. 80.º do CPT, mas também aos princípios e critérios recomendados pela OCDE contidos no art. 9.º, n.º I da Convenção Modelo da OCDE relativamente ao conceito de relações especiais, e, bem assim às metodologias preferenciais para a determinação do preço de livre concorrência.

LXV. Também a recente Proposta de Lei n.º 46/VIII (da autoria do Governo) veio, por razões de certeza e segurança jurídica, aditar ao actual artigo 57.º do CIRC, os princípios e regras recomendados pela OCDE que já eram, no plano dos princípios, aplicados pela Jurisprudência e defendidos pela Doutrina como a única forma de colmatar a deficiente formulação legal do art. 57.º do CIRC.

LXVI. O art. 9.º da Convenção Modelo da OCDE estipula que existem relações especiais "quando uma empresa de um Estado contraente participa directa ou indirectamente, no controle ou no capital de uma empresa de outro Estado contratante, ou se as mesmas pessoas participarem directa ou indirectamente na direcção ou controle ou no capital de ambas as empresas dos Estados contratantes."

LXVII. Conforme se deixou amplamente exposto (VI-XXXI das presentes conclusões), a transacção cuja qualificação jurídica controvertida se pretende ver reapreciada por este Douto Tribunal consubstancia a venda de acções da SUPA (objecto de venda) pelas sociedades PAINTERLUX e PAINTERBVI (alienantes) à CIH (adquirente).

LXVIII. Entre os sujeitos da aludida relação jurídica – PAINTER-BVI e PAINTERLUX por um lado, e CHI por outro, não existe qualquer participação directa ou indirecta, pelo que o Acórdão recorrido, violou o art. 9.º da Convenção, acima citado.

LXIX. Mas, o acórdão recorrido violou, igualmente, o disposto no art. 57.º do CIRC na medida em que sustenta a existência de relações especiais pela aplicação do critério da detenção indirecta do capital da CIH por quadros dirigentes da SUPA.

LXX. Nos termos do artigo 57.º-C, n.º 2 al. a), o critério da participação é aferido pela participação directa ou indirecta no capital do sujeito passivo.

LXXI. Não se colhem dos autos qualquer prova de que os quadros dirigentes da SUPA, fossem igualmente titulares do respectivo capital, e nessa medida, o facto de estes, na qualidade de empregados, deterem participações na JUMBO, que por sua vez detém a CIH, é totalmente irrelevante para efeitos da aludida disposição legal.

LXXII. Pelo que, o Acórdão recorrido fez uma errada interpretação e aplicação dos artigos 57.º e 57.º-C do CIRC.

LXXIII. Conforme, igualmente, se deixou exposto nos números XXXI a LIV das presentes alegações, o Acórdão recorrido, aderindo aos fundamentos invocados pela autoridade recorrida, não logrou descrever a quantificar o montante efectivo que serviu de base à correcção.

LXXIV. Conviria que o Tribunal recorrido se pronunciasse acerca dos critérios objectivos que resultaram das avaliações feitas por entidades independentes e provados documentalmente para concluir que:

i) Está documental e publicamente provado que o valor da transacção foi calculado entre os 45 e os 47 milhões de contos;

j) As acções da SUPA foram transaccionadas pelo montante de 33 milhões de contos, acrescidos de 12,3 milhões de contos relativos às marcas, igualmente alienadas;

k) O preço de alienação das acções da SUPA realizadas em 06.01.93 e 28.12.93, pela CIH, ora alegante, foi determinado tendo em conta a desvalorização dos títulos, devidamente fundamentada nos autos e a diminulção do potencial rendimento da empresa.

LXXV. De referir ainda, que a determinação do preço dos títulos de acordo com o valor do Balanço não considera, entre outros elementos, a evolução dos preços, a desvalorização ocorrida no valor dos títulos, o valor da empresa em função do Goodwill (…)

LXXVI. Nenhum destes factos foi considerado pela AF, que se limitou a "fixar" o valor das acções em 2.000$00 para que, de forma predeterminada e arbitrária, não considerassem para efeitos fiscais, os custos apresentados pela alegante, tese que o Douto Acórdão perfilhou.

LXXVII. Nesta medida, o tribunal não logrou provar em que medida decorrem operações da mesma natureza entre pessoas independentes e nas mesmas circunstâncias nem se descreveu/quantificou o montante efectivo que serviu de base à correcção.

LXXVIII. Atenta a natureza cumulativa dos pressupostos tipificados no art. 57.º do CIRC deve o Acórdão recorrido ser revogado, por violação do disposto nas alíneas b) e c) do CPT e do artigo 57.º do CIRC na medida em que não aplicou qualquer um dos pressupostos legais citados.

E)

ÓNUS DA PROVA EM MATÉRIA DE PROCEDIMENTO

LXXIX. A dúvida suscitada pela autoridade recorrida relativamente à decisão de correcção extrai-se claramente das conclusões formuladas pela mesma no Despacho recorrido:

LXXX. A recorrente interpôs, oportunamente, recurso hierárquico do aludido Despacho, e, nessa sede, provou documentalmente as razões suficientes para sanar quaisquer dúvidas suscitadas pelos Serviços.

LXXXI. Parafraseando a fundamentação do Acórdão recorrido no que respeita a esta matéria, "(..) A AF não deverá efectuar a liquidação se não existirem indícios consistentes de existência daqueles, isto é, se o conhecimento desses factos for baseado em meras aparências desacompanhadas da expressão actual de verdadeiros elementos probatórios (..)". *(Pág. 46 do Acórdão recorrido)*

LXXXII. Quer a AF quer o Tribunal a quo se basearam em meras suspeitas infundadas, desconsiderando na totalidade os elementos probatórios oferecidos pela ora alegante sobre os quais se deveriam ter pronunciado.

LXXXIII. Como é sabido, a existência dos pressupostos legais de correcção não deve considerar-se "fundada" se assentar na inércia probatória da autoridade recorrida.

LXXXIV. No caso vertente, quer a autoridade recorrida quer o Tribunal, não fizeram prova dos factos que fundamentaram a correcção do lucro tributável.

LXXXV. Pelo que em caso de subsistência de tal dúvida, a autoridade recorrida deveria abster-se de praticar o acto tributário, dando assim cumprimento ao princípio "in dubio contra fisco".

LXXXVI. Pelo que, também por este fundamento, nos termos do art. 121 do CPT, deveria o Tribunal recorrido ter anulado o Despacho em evidência.

F)

INCONSTITUCIONALIDADE DO art. 57.º DO CIRC

LXXXVII. A alegante sustenta, e reitera, que o artigo 57.º do CIRC é uma norma de previsão em branco que contém conceitos vagos e indeterminados.

LXXXVIII. Tal conclusão é tanto mais acertada que, inclusivamente, a própria Comissão para o Desenvolvimento da Reforma Fiscal sugeriu ao legislador a consagração, na Lei, dos critérios e dos princípios recomendados pela OCDE.

LXXXIX. O que veio efectivamente a verificar-se com a apresentação da já referida Proposta da Reforma Fiscal do Governo.

XC. A ausência de critérios de direito positivo, leva-nos, assim, a concluir que, os princípios constitucionais da legalidade, da certeza e segurança jurídicas proíbem o legislador ordinário de utilizar conceitos vagos e imprecisos na estatuição normativa em matéria de incidência.

XCI. Efectivamente, a norma em causa está duplamente vinculada à Lei, por um lado, por força da cominação expressa do art. 103.º, n.ºs 2 e 3 da Constituição e, por outro, em virtude de a matéria em evidência se inserir na esfera de competência reservada da Assembleia da República (art. 165.º, n.º 1, alínea i) «criação de impostos e sistema fiscal»).

XCII. Entende a alegante que a norma do art. 57.º, n.º 1 do CIRC viola o princípio da legalidade tributária constante do art. 103.º, n.ºs 2 e 3 da Constituição da República, pelo que tal norma *não deve ser aplicada no caso* concreto.

XCIII. Recusada a aplicabilidade deste preceito ao caso concreto, com fundamento na sua inconstitucionalidade, tal implica a ilegalidade do despacho recorrido por falta de base legal bem como a *anulação do Douto Acórdão* por violação das aludidas disposições constitucionais.

Nestes termos, e nos mais de Direito e sempre com o mui Douto suprimento de V.Ex.as deve ser concedido provimento ao presente recurso e, em consequência deve o Douto Acórdão recorrido ser declarado nulo, com fundamento em omissão de pronúncia nos termos do art. 668.º, al. d) do CPC "ex vi" 1.º LPTA.

Ainda que assim não se entenda, deve o Douto Acórdão recorrido ser revogado com fundamento na errada interpretação e aplicação dos artigos 124.º do CPA; 57.º, 57.º-C do CIRC, 80.º e 121.º do CPT, 9.º da Convenção Modelo da OCDE e violação do disposto nos artigos 103.º, n.ºs 2 e 3, 165.º, n.º 1 da CRP, com todas as consequências legais, com o que se fará,

JUSTIÇA!

A autoridade recorrida apresentou contra-alegações com as seguintes conclusões:

A) O douto acórdão ora recorrido fez uma correcta interpretação e aplicação da lei aos factos, motivo pelo qual deve ser mantido na íntegra.

B) O acórdão sob recurso conheceu e apreciou todas as questões relevantes para a decisão do recurso contencioso, daí que não haja qualquer omissão de pronúncia determinante da nulidade do mesmo.

C) Por outro lado, a informação sobre a qual foi, em concordância com os fundamentos expostos, exarado o despacho recorrido evidencia, a qualquer destinatário normalmente diligente ou razoável, as razões de facto e de direito que sustentaram o acto recorrido, logo, o acórdão recorrido, ao aderir à fundamentação sustentada pela entidade recorrida, não fez uma incorrecta interpretação e aplicação do art. 80.º do CPT devidamente conjugado com os artigos 57.º, 57.º-C, n.º 2, ambos do CIRC, bem como do art. 124.º do CPA.

D) Na verdade, quanto à existência de relações especiais ficou claro em que é que as mesmas se consubstanciaram ou os factos considerados pela AF como reveladores da influência ou dependência de facto entre a ora recorrente e a SUPA, SA., sem que tenha havido qualquer contradição ou incompatibilidade entre os motivos apontados.

E) Assim como, se encontram clara e suficientemente descritos os termos em que, em condições normais entre empresas independentes, seriam vendidas as acções da SUPA, SA., através do recurso ao preço de revenda das mesmas acções a uma entidade independente, acordada ainda antes da compra das acções pela recorrente e efectivada apenas 4 meses após a mesma compra, e clara e suficientemente quantificado o montante que serviu de base à correcção.

F) O douto acórdão recorrido também fez uma correcta interpretação e aplicação dos artigos 57.° e 57.°-C do CIRC.

G) O art. 57.° do CIRC que confere à AF a possibilidade de correcção do lucro tributável, apresenta-se "como um poder quase discricionário da AF", que lhe permite, nomeadamente, a escolha das metodologias mais correctas à determinação do preço de concorrência, pelo que esta deve descrever os termos em que normalmente decorrem operações da mesma natureza entre pessoas idênticas e em idênticas circunstâncias.

H) Ora, a AF logrou provar e demonstrar em que é que se consubstanciaram tais relações especiais ou vínculo de dependência que levaram ao estabelecimento de condições diferentes das normalmente acordadas entre empresas independentes, só possível porque as empresas envolvidas estavam submetidas a uma vontade única.

I) Assim como o método, suficiente e claramente descrito, empregue pela AF para apurar e determinar o estabelecimento dessa condições, diferentes das normalmente acordadas entre empresas independentes, foi conforme os pressupostos constantes do art. 57.° do CIRC.

J) Logo, também não existe qualquer violação do art. 121.° do CPT, uma vez que a AF logrou demonstrar os factos em que se baseou para efectuar as correcções, que assim se mostram legítimas à luz do art. 57.° do CIRC.

K) Finalmente, o douto acórdão sob recurso decidiu bem ao ter concluído que o art. 57.° do CIRC é conforme à CRP.

Termina pedindo que seja negado provimento ao presente recurso jurisdicional e mantido o acórdão recorrido, com todas as legais consequências.

O Excelentíssimo Procurador-Geral Adjunto emitiu douto parecer no sentido de não ocorrer a nulidade por omissão de pronúncia arguida pela recorrente e, manifestou concordância com a decisão recorrida, designadamente quanto às questões da fundamentação e constitucionalidade do art. 57.° do CIRC, que lembra já ter sido apreciada por este Supremo Tribunal Administrativo no acórdão de 09-12-98, proferido no recurso n.° 19 858.

Preços de Transferência. Existência de Relações Especiais. Ónus da Prova 45

Corridos os vistos legais, cumpre decidir:

2 – O Tribunal Central Administrativo considerou provada a seguinte matéria de facto:

a) A ora recorrente apresentou em 30/05/94 na RF do 6.° Bairro Fiscal de Lisboa a declaração modelo 22 do I.R.C. reportada ao exercício de 1993 (cfr. fls. 69).

b) Nessa declaração a decorrente declarou o prejuízo para efeitos fiscais no montante de 6.836.710.208$00 (cfr. fls. 72).

c) A DDF de Lisboa procedeu a correcções, no total de 8.733.382.025$00, as quais subtraídas àquele montante de 6.836.710.208$00, originaram um lucro tributável de 1.896.671.817$00, aqui se englobando uma quantia corrigida ao abrigo do art. 57.° do CIRC, no montante de 6.656.146.782$00 sujeita a recurso hierárquico, com a fundamentação constante do DC-22 e do relatório elaborado pelos SPIT (cfr. fls. 69 e 79).

d) Das correcções assim efectuadas foi a recorrente notificada por ofício de 31/7/97, registado com AR (cfr. fls. 74).

e) Não se conformando com tais correcções a recorrente delas interpôs recurso hierárquico necessário para o Ministro das Finanças, ao abrigo do art. 112.° do CIRC (cfr. fls. 81 a 121).

f) Tal recurso foi indeferido por despacho do SEAF, exarado sobre a informação 1007/97, Proc./IRC 1788/97, EGISAIR 69112197, despacho que foi notificado à recorrente através do ofício 00264 de 14/1/98 da DDF de Lisboa (cfr. fls. 123 a 144).

g) O despacho referido na alínea antecedente é do seguinte teor: "Concordo com a presente informação pelo que indefira os recursos hierárquicos interpostos das correcções quantitativas efectuadas aos exercícios de 1992 e 1993" (cfr. fls. 124).

h) As correcções em causa no exercício de 1993 (referidas na alínea c) supra) derivaram do facto de a AF não ter aceite como custo fiscal neste ano, o resultado negativo declarado pelo contribuinte na operação de compra e venda de acções da SUPA realizada nesse período.

i) A CPH (Companhia Portuguesa de Supermercados) que antes de 21/12/93 tinha a designação de CIH, SA. (Companhia Imobiliária de Hipermercados) adquiriu por escritura pública de 27/8/92, a duas empresas não residentes (PAINTERLUX com sede no Luxemburgo e PAINTERBVI com sede nas ilhas Virgens Britânicas), 7.493.214 acções da SUPA – Companhia Portuguesa de Supermercados, SA.

j) Tais acções foram adquiridas, segundo o contrato de compra e venda pelo preço unitário de 4.400$00.

k) O remanescente das acções para o capital total da SUPA que era de 7.500.000.000$00 representado por 7.500.000 acções, ou seja 6776 unidades, foi adquirido a diversos particulares pelo preço unitário de 6.045$00.

l) Em 28/12/92, foram vendidas 4.725.000 dessas acções aos adquirentes abaixo mencionados nas quantidades, datas, preços unitários e valores de venda também indicados:

Jumbo, SA., – 750.000 acções – 28/12/92 – 66$16 – 50.000.000$00

Painter BVI, – 900.000 acções – 28/12/92 – 2.000$00 – 1.800.000.000$00

Entreposto, – 3.075.000 acções – 28/12/92 – 2.000$00 – 6.150.000.000$00

No ano de 1993 foi vendido o restante capital da SUPA, tendo sido os seus compradores e os montantes envolvidos os seguintes:

Entreposto, – 675.000 acções – 28/12/93 – 2.800$00 – 1.890.000.000$00

PA Inter BVI – 675.000 – 28/12/93 – 2.800$00 – 1.890.000.000$00

Jumbo, SA – 675.000 – 28/12/93 – 2.800$00 – 1.890.000.000$00

Cisf, SA – 580.000 – 6/1/93 – 2.800$00 – 1.624.000.000$00

Cisf Risco – 40.000 – 6/1/93 – 2.800$00 – 112.000.000$00

Ocidental – 70.000 – 6/1/93 – 2.800$00 – 196.000.000$00

Ocidental Vida – 60.000 – 6/1/93 – 2.800$00 – 168.000.000$00

m) Neste ano de 1993 a recorrente apurou uma perda de 4.436.146.800$00, que registou na Linha 7 do Quadro 25 da Declaração modelo 22 (custos e perdas financeiras – perdas na alienação de aplicações de tesouraria).

n) Os Serviços de Fiscalização fundamentaram a existência de relações especiais por terem considerado que, à data de aquisição da SUPA pela CIH, esta seria ainda detida por aquela que, por sua vez era participada em 99/99 – pela PAINTER, empresa alienante, e apresentaram para o efeito, os argumentos seguintes:

– Que a Jumbo, SA, em 17/08/92 (dez dias antes da operação de compra das acções SUPA efectuada pela CIH), tinha adquirido a CIH, não tinha efectivamente tomado posse da mesma, devido às circunstâncias seguintes:

– A compradora só tinha um capital social de 400.000$00 e a compra das acções envolvia um valor total de 7.700.000$00.

– A formalização em bolsa desta operação só teria sido realizada em 9/12/93, e, nesse mesmo dia a Jumbo, SA., revendeu pelo mesmo valor essas acções à SUPA, SA., não existindo de facto qualquer transmissão real nem qualquer movimento financeiro.

– A não emissão em 17/8/92 da declaração a que se referem os artigos 334.º e 337.º do CSComerciais.

– A não escrituração no livro a que se refere o artigo 305.º do CSC, de qualquer entrega da SUPA, SA, ao JUMBO em 17/8/92 dos títulos da CIH.

Daqui concluindo que a CIH, na data de 27/8/92, seria detida pela SUPA, SA e não pela JUMBO, SA, verificando-se nessa perspectiva que entre as entidades em causa (PAINTERLUX, PAINTER BVI, SUPA, SA. E CIH.) existiam relações de domínio.

o) Ao analisarem o preço praticado na compra dos títulos SUPA efectuada pela CIH á PAINTER (4.400$00 por acção), os SPIT entenderam que o mesmo é exagerado, resultando este em grande medida das relações de interdependência existentes entre elas, não correspondendo nem aproximadamente ao verdadeiro valor desses títulos.

p) Concluíram, ainda:

– que em condições normais, operações da mesma natureza entre entidades independentes, o preço reflectiria aproximadamente o seu valor contabilístico, transmitido pelo "Balanço consolidado em 31/12/91 da SUPA, SA" ou seja 12.569.702.000$00 (Capital Próprio) – 7.500.000.000$00 (Capital) = 1.676$00 (Valor unitário de cada acção).

– O "Goodwill" inerente à aquisição da posição de domínio total, e o preço unitário de 2.000$00 acordado para revenda das acções ao ENTREPOSTO (entidade independente do grupo PÃO DE AÇUCAR) em 21/8/92 antes da aquisição que se consumou em 27/8/92.

q) Por isso os SPIT acabaram por concluir que, o preço de aquisição unitário de 2.000$00 não se afasta do verdadeiro valor das acções e, está muito mais próximo da realidade do que o preço pago à PAINTER (Sociedade mãe do grupo) e dos 6.045$00 pago aos particulares.

r) Por estas razões e ao abrigo do art. 57.° do CIRC, a Administração Fiscal corrigiu para os anos de 1992 e 1993, o preço de aquisição das acções SUPA para 2.000$00.

s) Para o cálculo deste preço de aquisição tomaram também em atenção o preço praticado em 1992 na venda das acções à JUMBO, SA. (66$66), e o referido entre as partes no respectivo contrato e que foi: (Ponto 4). "Esta aquisição é naturalmente feita a um preço que, embora representando uma parcela importante das economias dos quadros da SUPA, não pode deixar de ser considerado como simbólico...,".

3 – A primeira questão colocada, que tem também precedência lógica é da nulidade do acórdão recorrido, por omissão de pronúncia.

A nulidade de acórdão por omissão de pronúncia verifica-se quando o Tribunal deixa de pronunciar-se sobre questões que deveria apreciar (art. 668.°, n.° 1, alínea d), do C.P.C., aplicável por força do disposto nos arts. 716.° e 749.° do mesmo Código e do art. 102.° da L.P.T.A.).

Os deveres de cognição do Tribunal são indicados no artigo 660.°, n.° 1, do Código de Processo Civil.

Nesta disposição impõe-se ao Tribunal o dever de conhecer de todas as questões que as partes tenham submetido à sua apreciação, exceptuadas aquelas cuja decisão esteja prejudicada pela solução dada a outras.

No caso dos autos, a imputação de omissão de pronúncia que a recorrente faz ao acórdão recorrido refere-se a factos por si alegados de que apresentou prova documental, designadamente:

Estudo de avaliação da empresa realizado pelo BPI, em Agosto de 1991 (Doc. n.° 14, junto com a P.I. de recurso contencioso);

– Estudo da situação económica e financeira da SUPA, elaborado pelo banco inglês SG Warburg K Co (Doc. n.° 15 junto com a P.I. de recurso contencioso);

– Propostas negociais, designadamente a apresentada pela Jerónimo Martins (Docs. n.°s 16, 17 e 18 junto com a P.I. de recurso contencioso).

A recorrente juntou esses documentos ao processo, com a finalidade de demonstrar que o preço de aquisição das acções pago pela C.I.H. à PAINTER, que a administração tributária considerou exagerado, estava em sintonia com o seu real valor.

Preços de Transferência. Existência de Relações Especiais. Ónus da Prova   49

No acórdão recorrido, efectivamente, não se faz referência a tais documentos, nem na fixação da matéria de facto nem na apreciação jurídica. No entanto, o que constitui nulidade de decisão judicial, enquadrável na alínea d) do n.º 1 do art. 668.º do C.P.C., não é a eventual não consideração de elementos de prova, mas sim a falta de apreciação das questões jurídicas.

Assim, em relação aos documentos referidos, o que poderia constituir nulidade de decisão não seria a falta de tomada de posição sobre o valor probatório dos documentos referidos, mas sim a não apreciação da questão jurídica com que eles estão conexionados.

A não ponderação do valor probatório desses documentos, a serem eles relevantes para a decisão de facto, constituiria um erro de julgamento e não uma nulidade da decisão.

No caso, a questão para cuja resolução relevam os documentos referidos, que é a de saber se o preço de aquisição das acções pela recorrente deve reportar-se exagerado, foi apreciada no acórdão recorrido, que lhe deu resposta afirmativa, com base em outros elementos probatórios, designadamente, o preço de venda de acções à ENTREPOSTO, acordado antes daquela aquisição e o valor contabilístico que consta do "Balanço consolidado em 31-12-91 da SUPA, SA" (fls. 628-629).

Por isso, não ocorre a invocada nulidade do acórdão recorrido.

4 – No entanto, a referida invocação pela recorrente da falta de consideração dos documentos referidos na decisão de facto, pode ter outro enquadramento jurídico, não obstando a que ele lhe seja dado, uma vez que o Tribunal não está limitado pelas alegações das partes no que concerne à aplicação do direito (art. 664.º do C.P.C.).

Na verdade, está subjacente à invocação da referida nulidade, uma crítica ao julgamento de facto efectuado no acórdão recorrido, por não ter tido em conta os documentos referidos, como ressalta das conclusões II, LII e LIII das alegações do presente recurso jurisdicional.

No presente processo, iniciado no Tribunal Central Administrativo, o Supremo Tribunal Administrativo tem poderes de cognição no domínio da matéria de facto, como resulta do preceituado no art. 21.º, n.ºs 1 e 4, do E.T.A.F..

Por isso, tem o poder atribuído nos recursos jurisdicionais aos tribunais com competência para apreciação da matéria de facto, que são os indicados no referido art. 712.º do C.P.C..

No caso, constando do processo os documentos referidos, está-se perante uma situação em que este Tribunal pode reapreciar a fixação da matéria de facto (art. 712.º, n.º 1, alínea a), do C.P.C.).

Por isso, está afastada a possibilidade de anulação do acórdão recorrido, por eventual deficiência na fixação da matéria de facto, pois ela só se imporia se não constassem do processo todos os elementos necessários para a reapreciação (n.°4 do mesmo art. 712.°).

5 – Assim, antes de prosseguir, importa reapreciar a matéria de facto.

Relativamente aos factos fixados no acórdão recorrido, baseados exclusivamente em elementos de prova de carácter documental cuja genuinidade não é controvertida, não há qualquer correcção a fazer, nem ela é pedida por qualquer das partes.

A reapreciação, assim, incidirá apenas sobre os documentos referidos.

Não tendo esses documentos sido impugnados nem havendo qualquer razão para duvidar da sua genuinidade, acorda-se em aditar os seguintes pontos à matéria de facto fixada no acórdão recorrido, atrás indicada:

t) Em estudo de avaliação da empresa SUPA, COMPANHIA PORTUGUESA DE DISTRIBUIÇÃO, SA., datado de Agosto de 1991, elaborado pelo Banco Português de Investimento foram-lhe atribuídos valores entre 24.975.000.000$00 e 56.728.000.000$00 (fls. 214 a 423, especialmente fls. 299);

u) Em estudo de avaliação, efectuado pela SG WARBURG & CO, LTD, datado de Junho de 1992, à empresa SUPA, COMPANHIA PORTUGUESA DE DISTRIBUIÇÃO, SA., foi atribuído valor superior a 52.000.000.000$00 (fls. 424 a 442);

v) Em Junho de 1992, ESTABELECIMENTOS JERÓNIMO MARTINS E FILHO, apresentou uma proposta de aquisição da totalidade do capital social da SUPA pelo valor de 45.000.000.000$00 (fls. 470 a 484).

6 – Na apreciação dos vícios imputados pela recorrente ao acto recorrido, deverá começar-se pelos de violação de lei, atentas as regras do art. 54.° da L.P.T.A., por serem aqueles cuja procedência determina uma mais estável e eficaz tutela dos interesses da recorrente.

O n.° 1 do art. 57.° do C.I.R.C., que está subjacente ao acto recorrido, na redacção vigente à data em que ocorreram os factos dispunha o seguinte:

1. A Direcção-Geral das Contribuições e Impostos poderá efectuar as correcções que sejam necessárias para a determinação do lucro tributável sempre que, em virtude das relações especiais entre o contribuinte e outra pessoa, sujeita ou não a IRC, tenham sido

Preços de Transferência. Existência de Relações Especiais. Ónus da Prova 51

estabelecidas condições diferentes das que seriam normalmente acordadas entre pessoas independentes, conduzindo a que o lucro apurado com base na contabilidade seja diverso do que se apuraria na
ausência dessas relações.

A possibilidade, prevista neste n.º 1 do art. 57.º do C.I.R.C., de a
administração tributária efectuar as correcções necessárias para a determinação do lucro tributável de sujeitos passivos de IRC, com base na existência de relações especiais entre o contribuinte e outra pessoa, está
dependente da demonstração de que em transacções entre elas foram
estabelecidas condições diferentes das que seriam normalmente acordadas
entre pessoas independentes.

No caso em apreço, a administração tributária concluiu que o valor
de 4.400$00, por acção, por que foi feita a aquisição, em 27-8-92, de
7.493.214 acções da SUPA, pelo C.I.H. à PAINTERLUX e à PAIN-
TERBVI, não era o valor que normalmente se estabeleceria entre pessoas
independentes, que seriam de 2.000$00, por acção.

Esta conclusão baseou-se nos factos de:

– este valor de 2.000$00 ter sido o valor acordado, em 21-8-92,
antes da própria aquisição pela C.I.H., para revenda das acções que
revendeu à ENTREPOSTO e o valor por que a revenda veio a ser
concretizada, em 28-12-92;

– o "Balanço consolidado em 31-12-92 da SUPA, SA." apontar
para o valor contabilístico de 1.676$00, por acção;

– o preço de 66$66 por acção, por que foi efectuada a venda de
acções pela C.I.H. à JUMBO, SA. foi considerado simbólico pelas
próprias partes no contrato.

O Tribunal Central Administrativo aceitou a conclusão a que chegou
a administração tributária, baseando-se nos mesmos factos.

Estes factos, efectivamente, apontam no sentido da posição assumida
pela administração tributária.

No entanto, há outros elementos factuais, que não foram considerados, e que apontam em sentido diferente.

Desde logo, os valores da avaliação de Junho de 1992 e da proposta
efectuada no mesmo mês, cerca de dois meses antes da data da aquisição das
acções pela C.I.H., apontam para um valor real das acções consideravelmente superior aos 4.400$00 por acção, por que foram transaccionadas.[8]

---

[8] A própria avaliação de Agosto de 1991, embora menos significativa, por estar

Por outro lado, as acções adquiridas a vários particulares, que não se detectou terem qualquer relação especial com a C.I.H., foram-no ao preço de 6.045$00, por acção, o que, objectivamente, não deixa de apontar no sentido de o valor real ser superior àquele de 4.400$00.

Para além disso, no dia 6-1-93, poucos dias após a concretização da primeira venda de acções à ENTREPOSTO, foram efectuadas várias vendas de acções pelo preço de 2.800$00, por acção, o que, se é certo que não corrobora que tenha sido de 4.400$00, o preço de aquisição das acções pela C.I.H., também aponta no sentido de o valor não ser o de 2.000$00 por acção, determinado pela administração tributária.

Ponderando todos estes elementos, em que a avaliação de Junho de 1992 (efectuada por pessoas que a própria administração tributária qualifica como "de idoneidade e independência inquestionáveis" – fls. 139) e a proposta de aquisição de uma entidade independente (como a própria administração tributária também aceita – fls. 139) não podem deixar de assumir um relevo especial, que é corolário da sua presumível objectividade, seria mesmo de entender que o valor de 4.400$00, por acção, seria *inferior*, e não superior, ao que normalmente seria acordado entre pessoas independentes.

À face destes elementos probatórios, o valor de 2.000$00, por acção, indicado pela administração tributária, seria de considerar, por maioria de razão, como não sendo o que, normalmente, seria acordado entre pessoas independentes, na aquisição de acções efectuada pela C.I.H..

No mínimo, perante estes elementos probatórios cujo valor probatório se entrechoca, terá de se reconhecer que se fica numa situação de dúvida sobre se o preço de 4.400$00, não seria o normalmente acordado, para a transmissão referida, entre pessoas independentes.

7 – O art. 121.° do C.P.T. estabelece que "sempre que da prova produzida resulte a fundada dúvida sobre a existência e quantificação do facto tributário, deverá o acto impugnado ser anulado".

As correcções do lucro tributável previstas no n.° 1 do art. 57.° do C.I.R.C. inserem-se num procedimento tributário para determinação da quantificação do facto tributário relevante em matéria IRC, pelo que se enquadram directamente na previsão deste artigo, que, de resto, constitui

---

temporalmente mais distante da data de aquisição, aponta no sentido de um valor das acções consideravelmente superior aos 2.000$00 indicados pela administração tributária como sendo o preço que normalmente se estabeleceria entre pessoas independentes.

um afloramento de um princípio geral adoptado pelo C.P.T. de presumir a veracidade das declarações dos contribuintes, como se proclama no 2.º parágrafo do ponto que do preâmbulo do Decreto-Lei n.º 154/91, de 23 de Abril, que aprovou aquele Código.

Assim, a dúvida gerada quanto àquele ponto da matéria de facto, necessário para a quantificação do facto tributário (matéria colectável de IRC), tem de ser valorada processualmente a favor da contribuinte e conduzir à anulação do acto impugnado.

Por isso, o acto impugnado tem de ser anulado, por vício de violação de lei derivado de erro nos pressupostos de facto.

8 – Procedendo o recurso por vício de violação de lei, fica prejudicado o conhecimento dos outros vícios, como está íncito no estabelecimento da referida ordem de conhecimento de vícios que consta do art. 57.º da L.P.T.A..

Termos em que se acorda em:
– negar provimento ao recurso quanto à questão da nulidade de acórdão;
– conceder provimento ao recurso jurisdicional e ao recurso contencioso;
– revogar o acórdão recorrido, e
– anular o acto recorrido, pelo referido vício de violação de lei.

Sem custas, por a autoridade recorrida estar isenta (art. 2.º da Tabela de Custas).

Lisboa, 14/3/01

Jorge Manuel Lopes de Sousa
Brandão de Pinho
Vitor Meira
M.º P.º Pimenta do Vale

Preços de Transferência: A Questão da Interpretação e Aplicação do artigo 57.° do CIRC*

1. Introdução

O tema 'Preços de Transferência' tem sido tratado abundantemente, tanto pela doutrina[9], como pela jurisprudência nacional e internacional. A complexidade do tópico levou a OCDE a dedicar-lhe vários relatórios e estudos[10] com vista à resolução de alguns problemas, nomeadamente erosão da base tributável, determinação do lucro real e afectação ou distribuição equitativa das receitas fiscais entre estados.

Tomando como ponto de partida estes estudos, indispensáveis para uma correcta interpretação jurídica do artigo 57 CIRC, a autora propõe-se analisar o tema sob uma óptica interna mas tomando também em consideração ordenamentos jurídicos que de algum modo (por exemplo, histórico, geográfico, sociocultural ou económico) tenham conexões com o ordenamento jurídico português.

2. A Questão da Interpretação e Aplicação do Artigo 57 do CIRC

Breves considerações históricas

Historicamente, já o Código da Contribuição Industrial regulava o assunto (artigo 51-A), tendo sido posteriormente importado para o CIRC, artigo 57, com sucessivas alterações legislativas que essencialmente têm vindo a traduzir a evolução internacional sobre a matéria ou a reflectir os ajustamentos necessários, exigidos pelo requisito da coerência entre disposições internas e convenções sobre dupla tributação.

---

* A autora agradece reconhecidamente o contributo prestado pelo Professor Saldanha Sanches na revisão e crítica deste artigo.

[9] Internacionalmente, ver IFA, *Transfer Pricing in the Absence of Comparable Market Prices*, 1992 Congress Report. No sistema fiscal português, ver M. PRAZERES LOUSA e FREITAS PEREIRA (CTF).

[10] OCDE, *The Taxation of Global Trading of Financial Instruments* e *Transfer Pricing Guidelines for Multinational Enterprises and Tax Administrations* (1979, 1984 e 1995).

Preços de Transferência. Existência de Relações Especiais. Ónus da Prova

Conforme referido, e ao nível das fontes de direito ou processos de criação de direito,[11] o actual artigo 57 n.° 1 evidencia desde logo as orientações e princípios definidos pela OCDE (vide, *o princípio da independência* ou *arm´s length principle*).[12] O princípio da independência impõe que nas relações comerciais ou financeiras entre sujeitos passivos devam ser contratados, aceites e praticados termos ou condições substancialmente idênticos aos que normalmente seriam contratados em situações normais de mercado (ver n.° 1 e n.° 2 do artigo 57 e artigo 9 n.° 1 da Convenção Modelo da OCDE sobre o Rendimento e Capital).

O princípio da independência e a situação de relações especiais: harmonia ou conflito?

Para além do princípio da independência acolhe ainda o/a legislador(a) português(a) o conceito internacionalmente aceite de 'relações especiais' (artigo 57, n.° 4).[13] Existe assim no ordenamento jurídico português e, à semelhança de outros ordenamentos jurídicos, uma correlação necessária entre o princípio da independência e o conceito 'relações especiais'.

Entendida literalmente, tal correlação (interpretação conjunta dos números 1 e 4 do artigo 57) poderá levar a que, na ausência ou impossibilidade de provar a situação de relações especiais, o princípio da independência venha a ser seriamente comprometido.

De facto, na prática, podem verificar-se situações em que não obstante as partes não estarem relacionadas ou conexionadas entre si, de acordo com o critério da 'influência significativa de gestão', o princípio da independência é afastado devido à especial relação económica ou financeira estabelecida entre elas.

---

[11] Ver FREITAS PEREIRA, *Fiscalidade* (Fontes de Direito Fiscal), ISEG, 2000/2001.

[12] Ver CASTANHEIRA NEVES, *Metodologia Jurídica, Problemas Fundamentais*, BFD, Universidade de Coimbra, Coimbra Editora, e BAPTISTA MACHADO, *Introdução ao Direito e ao Discurso Legitimador*, Almedina.

[13] Com a recente reforma fiscal, procedeu-se a uma maior determinação do conceito 'relações especiais', através do recurso ao expediente da 'influência significativa na gestão', aparecendo esta exemplificada nas várias alíneas do n.°4 do art. 57.°. O problema do preenchimento deste conceito, bem como da respectiva prova da existência de 'relações especiais', aparece não só perante tribunais Portugueses (ver STA, Recurso n.° 25744, *Comp.ª Portuguesa de Hipermercados, SA v. Secretário de Estado dos Assuntos Fiscais)* mas também em tribunais estrangeiros (ver IBFD, *Transfer Pricing*, 2000).

Recentemente, este problema tem vindo a ser analisado internacionalmente e alguns ordenamentos jurídicos têm vindo a aplicar de um modo 'mais liberal' o regime de preços de transferência, não atendendo por exemplo à situação de relações especiais (por vezes ignorando-as fiscalmente para garantir a viabilidade económica ou financeira de empresas em situação difícil) ou *ficcionando-as* noutras situações que formalmente estariam fora da alçada do conceito.[14]

A escolha do método para determinação do preço de transferência: um falso problema?

Em consonância com as recomendações da OCDE, o artigo 57 n.º 2 e n.º 3 do CIRC indica vários métodos para determinação dos preços de transferência que poderão ser utilizados tanto pelo contribuinte como pela administração tributária.[15] De entre os métodos eleitos, e fazendo apelo ao n.º 3 deste artigo em cumulação com o seu n.º 2,[16] estabeleceu o legislador uma hierarquização, com preferência pelo método do preço comparável de mercado.[17]

Não obstante a justeza da decisão legislativa, em consonância aliás com a tendência internacional, na prática muitas vezes é difícil (senão

---

[14] Ver, por exemplo, jurisprudência dos Tribunais suecos, Casos *AB Svenska Shell, C.O. Oberg &Co. AB* e *Telefonaktiebolaget LM Ericsson.*

[15] Para maiores desenvolvimentos na aplicabilidade destes métodos, ver jurisprudência britânica (*Sharkey v. Wernher* (1995), *Watson Brothers v. Hornby* (1942) e *Petrotim v. Ayres* e ajustamentos efectuados em função do preço de mercado), jurisprudência alemã (Tribunal Fiscal Federal, 23 Junho 1993, BStBl II 1993, p. 801, prestação de serviços entre empresas afiliadas e ajustamento efectuado em conformidade com tabela oficial de honorários), jurisprudência Holandesa (Caso de 29/9/81, BNB 1983/84, venda de automóvel de empresa usado e ajustamento em função de preço publicado em catálogo de associação nacional do sector e Caso de 29/9/81, BNB 1983/84, trespasse e avaliação do goodwill em função de cálculo pré-determinado por associação nacional do sector) e ainda, no contexto da tributação das mais-valias, ver jurisprudência sueca, *Industri-Leasing Aktiebolag ILAB*, RA 1983 (IBFD, *The Tax Treatment of Transfer Pricing*, 2000).

[16] Sobre a interpretação e aplicação das normas fiscais, ver SALDANHA SANCHES, *Manual de Direito Fiscal*, Lex, p. 77-103 e FREITAS PEREIRA, *Fiscalidade*, ISEG, 2000/2001.

[17] O legislador Português não se pronunciou expressamente quanto à possibilidade de uma aplicação cumulativa de um ou mais métodos indicados no art. 57.º, n.º 3. Parece ser de admitir essa posição, pelo menos na hipótese de impossibilidade de aplicação alternativa dos métodos aí enunciados.

impossível) encontrar situações comparáveis e situações concorrenciais ou de mercado, desde logo porque estamos perante grupos económicos 'integrados' a actuar 'isoladamente' em vários mercados.[18] Veja-se o caso das estruturas 'holdings', a prática de serviços entre empresas do mesmo grupo, as despesas de investigação e desenvolvimento, etc.

Nestas circunstâncias, o recurso a métodos alternativos, também previstos pelo legislador português no n.º 3 do art. 57 CIRC, poderão de algum modo ajudar na determinação de termos ou condições independentes. No entanto, e aqui fazendo apelo à experiência americana,[19] o problema não será tanto o da escolha do método mas antes o da dificuldade de encontrar informações correctas ou factos comparáveis ou 'independentes' (por exemplo, situação dos intangíveis[20] ou serviços financeiros e avaliação de 'risco').

Tratando-se de uma matéria de cariz essencialmente económico, a tarefa do juiz poderá ser árdua, desde logo pela complexidade dos assuntos em questão e eventual desconhecimento de noções económicas ou financeiras. Neste domínio em particular, deverá a entidade julgadora socorrer-se das orientações emitidas pela OCDE na matéria que, não obstante carecerem de força jurídica vinculativa imediata, constituem um *auxiliar interpretativo* indispensável em qualquer questão que directa ou indirectamente esteja relacionada com os preços de transferência.[21] De facto, estas orientações constituem um verdadeiro comentário interpretativo ao artigo 9 das nossas convenções sobre dupla tributação internacional.

---

[18] Conforme salientava já em 1996 Helmut Becker, mais de 50% do comércio mundial ocorre entre empresas afiliadas ou associadas (IBFD, *The Future of Transfer Pricing*, BIFD, vol. 50, n.º 11/12, 1996).

[19] Para uma visão prática de alguns dos aspectos de determinação de preços de transferência nos EUA (por exemplo, repartição de custos entre sociedades afiliadas e avaliação de stock options), ver Tax Management Transfer Pricing Report, *Interview*, Vol. 10, N.º 1, 2001.

[20] Sobre a questão da avaliação de bens intangíveis, ver LEVEY, MIESEL e GAROFALO, *Buy-In and Buy-Out Requirements Present Unusual and Difficult Issues for Cost Sharing Agreements*, Intertax, Fevereiro de 2001.

[21] Veja-se, por exemplo, a experiência do Reino Unido e respectiva incorporação destas orientações nas suas leis fiscais, conferindo-lhe força jurídica vinculativa.

O problema do ónus da prova[22]

A questão do ónus da prova que fundamentalmente aparece regulada no artigo 74 da Lei Geral Tributária (LGT) assume uma importância significativa na aplicação do regime de preços de transferência, estabelecendo uma repartição do ónus da prova entre a administração tributária e o contribuinte (artigo 74 n.º 1 e n.º 2 da LGT e artigo 50 do CPTT).

A complexa e multifacetada questão da distribuição do ónus da prova no direito fiscal português é bem conhecida mas o problema complica-se substancialmente no caso especial dos 'preços de transferência'. Escolhendo o exemplo mais dilemático, pois implica desde logo uma interpretação conjunta dos artigos 57 CIRC e artigo 77 n.º 3 da LGT – podendo este último ser objecto de uma interpretação extensiva de modo a acolher o conceito de relações especiais estipulado no n.º 4 do art. 57 CIRC –, suponhamos que se verificam os factos previstos no artigo 77 n.º 3 da LGT (por exemplo, relações entre o contribuinte e terceiras pessoas e condições diferentes das que se verificariam na ausência de tais relações) e a administração tributária efectua correcções à matéria tributável do contribuinte.

Deixando de lado a difícil questão da prova da existência de relações especiais, será obrigação do contribuinte provar que a correcção é incorrecta ou competirá à administração fiscal provar[23] os ajustamentos efectuados à matéria tributável do contribuinte? Assumindo um sistema de auto-avaliação, estaríamos inclinados, tal como acontece nos EUA ou no Reino Unido, a atribuir exclusivamente o ónus da prova ao contribuinte. No entanto, no sistema fiscal português a situação não é clara e os custos administrativos, tanto para a administração fiscal, como para o contribuinte, são elevados devidos a esta imprecisão ou difícil repartição do ónus da prova.

À semelhança de outras experiências europeias, também a legislação fiscal portuguesa tem vindo progressivamente a atribuir maiores deveres de cooperação ao contribuinte, nomeadamente expansão das suas obri-

---

[22] Sobre a distinção entre ónus de prova formal e material (note-se a relevância deste último na aplicação do regime de preços de transferência e medidas anti-abuso), ver SALDANHA SANCHES, *O Ónus de Prova no Processo Fiscal*, CTF, 151, 1987. Ver ainda jurisprudência recente do STA sobre a matéria: Recurso 25 393 (*L.J. Santos Caetano v. Fazenda Pública*) e Recurso n.º 25 838 (*Subdirector-Geral das Alfândegas e dos Impostos Especiais sobre Consumo v. Quimica Atlântico Ld.ª*).

[23] As deficiências da administração fiscal portuguesa a este nível estão patentes no Recurso n.º 25 611, *Empreendimentos Urbanísticos F. Ferreira Jorge, Lda. v. Fazenda Pública*, STA, 4/4/2001.

Preços de Transferência. Existência de Relações Especiais. Ónus da Prova   59

gações acessórias e de documentação (art. 57 n.° 6 e 7 CIRC).[24] Veja-se no caso particular dos preços de transferência em Portugal a obrigação que recai sobre o contribuinte de manter organizada a documentação respeitante à política adoptada em matéria de preços de transferência, contratos, análises funcionais e financeiras, etc. Poder-se-à até questionar se não será exagerado exigir do contribuinte todo um rol de documentação que, em determinadas transacções (por exemplo, intangíveis e situações monopolísticas de mercado – petróleo, fármacos, telecomunicações, alimentos, etc.), seriam dispensáveis ou de difícil identificação ou quantificação.

Do exposto resulta que a resposta à questão acima enunciada não é pacífica se utilizarmos como ponto de partida o art. 74 n.° 1 e 2, que estatui uma repartição do ónus da prova entre a administração tributária e o contribuinte, não esquecendo todavia, o leque de obrigações acessórias a que está vinculado o contribuinte nos termos do art. 57 n.° 6 e 7. Existe de facto uma tendência para deslocar, pelo menos em matéria de preços de transferencia, o ónus da prova (entendido aqui em sentido lato ou material[25]) da administração fiscal para o contribuinte.

Cumpre ainda por último referir que a existência de uma documentação organizada é um factor determinante para um eficaz cumprimento das obrigações do contribuinte (artigo 31 da LGT) e concomitante aceitação por parte da administração tributária (ver números 5 e 6 do art. 57). Em consonância com as orientações da OCDE,[26] os indispensáveis critérios de *proporcionalidade* e *razoabilidade*[27] terão de ser prosseguidos nesta matéria, sob pena de sobrecarregar os contribuintes com procedimentos administrativos injustificados ou puramente burocráticos. A inclusão na LGT do princípio da colaboração (artigo 59) é um dos exemplos da aplicabilidade prática dos critérios acima mencionados.[28]

---

[24] Sobre uma análise dos deveres de cooperação, ver ANDRÉ SALGADO DE MATOS, *Código do Imposto sobre o Rendimento das Pessoas Singulares (IRS), Anotado*, Revisão de Rodrigo Queiroz e Melo, Instituto Superior de Gestão (ISG), 1999, p. 501-502.

[25] Para uma análise e correlação entre o princípio da prevalência da substância sob a forma, ónus da prova e força probatória de documentos autênticos, ver Recurso 25 469, *Fazenda Pública v. João António Carujo de Sousa Jordão e mulher*, STA, 4/4/2001.

[26] IFA, *Practical Experience with the OECD Transfer Pricing Guidelines*, Kluwer, 1999.

[27] Vide art. 123.° CIRS.

[28] Ver ainda LGT, art. 84.° aplicável no contexto da avaliação de rendimentos (*critérios técnicos*) e a obrigação que impende sobre o contribuinte de indicar os critérios utilizados bem como a sua aplicação na determinação dos rendimentos que declarou e ainda artigos 48.° e 49.° do CPPT.

3. A Perspectiva Internacional

O regime fiscal dos preços de transferência é de especial importância no contexto dos grupos multinacionais. Economicamente a realidade é única, do ponto de vista do direito fiscal internacional a situação é múltipla. Os diferentes tratamentos jurídico-fiscais concedidos pelos estados aos rendimentos de um grupo multinacional podem não só acarretar problemas de dupla ou múltipla tributação, mas também carrear vantagens inerentes a dupla ou múltiplas isenções ou deduções fiscais. Situamo-nos aqui na área do planeamento fiscal, às vezes legítimo, outras vezes ilegítimo ou abusivo.

Para as administrações fiscais, as questões mais complexas centram-se fundamentalmente no domínio das "relações integradas" onde se torna difícil muitas vezes qualificar os diferentes negócios ou transacções jurídicas que podem assumir formas híbridas ou 'mutantes', como nos casos específicos dos instrumentos financeiros, intangíveis e comércio electrónico.

Sumariamente, e de um ponto de vista jurídico, o tema terá de ser perspectivado de acordo com os princípios da residência ou territorialidade, inscritos nas leis internas dos estados ou respectivas convenções internacionais sobre dupla tributação (ver utilização do mecanismo 'retenção na fonte' sobre determinados rendimentos no país da fonte e apelo aos métodos de crédito ou isenção para redução ou eliminação de problemas de dupla ou múltipla tributação no país da residência).[29]

As disposições a tomar em consideração no contexto internacional podem ser de tipo unilateral (art. 57 n.° 9 CIRC), bilateral (art. 9 e 25 da Convenção Modelo da OCDE) ou multilateral (Convenção de Arbitragem). Os principais problemas ao nível internacional prendem-se com a morosidade dos procedimentos (experiência da empresa Sueca 'Volvo', com um lapso de 20 anos) e ausência de regimes fiscais aplicáveis a preços de transferência em alguns estados.[30]

---

[29] Para maiores desenvolvimentos, ver A. H. M. DANIELS, BAKER & MCKENZIE, *Sovereign Affairs*, Intertax, Janeiro de 2001, p. 2-10.

[30] É de salientar o caso holandês e, em consequência das pressões que tem recebido por parte da OCDE no sentido de tornar o sistema fiscal mais transparente (ver Relatório da OCDE, *Harmful Tax Competition, An Emerging Global Issue*, 1998), a recente inclusão nas suas leis fiscais do princípio da independência fiscal bem como o alinhamento com as orientações da OCDE nesta matéria.

Para uma análise mais desenvolvida, nomeadamente recurso a acordos ou informa-

Preços de Transferência. Existência de Relações Especiais. Ónus da Prova 61

Para maiores desenvolvimentos nesta matéria, ver publicação do International Bureau of Fiscal Documentation, com sede em Amsterdão, *The Tax Treatment of Transfer Pricing,* Portugal, 2001 (publicação actualizada anualmente).[31]

4. Futuros Desenvolvimentos

O impacto das novas tecnologias de informação e a crescente expansão do comércio electrónico poderão facilitar as tarefas de 'fiscalização electrónica' das administrações fiscais e, concomitantemente, exigir dos contribuintes um planeamento mais cuidado e rigoroso das suas transacções que de algum modo possam cair no regime dos preços de transferência.[32]

Por outro lado, são bem visíveis neste domínio os problemas de uma correcta e equitativa atribuição ou repartição de proveitos ou custos entre diferentes sociedades pertencentes a um mesmo grupo ou entre sociedades e estabelecimentos estáveis localizados em diferentes jurisdições de acordo com os tradicionais métodos para determinação dos preços de transferência.[33]

Eventualmente, haverá uma tendência a preferir fórmulas unitárias de repartição de proveitos e custos ao nível internacional em detrimento dos métodos tradicionais, especialmente adaptados a transacções físicas ou essencialmente fixas.

Glória Teixeira

ções vinculativos no âmbito dos preços de transferência, ver experiência Holandesa, J. K. HARMEN VAN DAM, *Changes in Netherlands Ruling Policy Released*, Tax Planning International Review, Maio de 2001.

[31] Ver ainda, PAULA ROSADO PEREIRA, *O Novo Regime dos Preços de Transferência*, Fiscalidade, p. 41-45.

[32] ALEXANDER VOGELE and WILLIAM BADER (KPMG), *German electronic audit looms*, International Tax Review, Março de 2001. Ver ainda, no contexto dos preços de transferência, recentes alterações legislativas na Alemanha, o mesmo periódico de Fevereiro de 2001.

[33] ANNE FAIRPO, KPMG, *Attribution of Profit to a PE Involved in Electronic Commerce Transactions*, Tax Planning International Review, Abril de 2001.

SUPREMO TRIBUNAL ADMINISTRATIVO
SECÇÃO DE CONTENCIOSO TRIBUTÁRIO
CONTENCIOSO TRIBUTÁRIO GERAL

RECURSO: 19 730
RECORRENTE: M.º PÚBLICO E FAZENDA PÚBLICA
RECORRIDA: EPSON EUROPE BV
RELATOR: EXM.º CONS.º MENDES PIMENTEL

REC. N.º 19 730   ACÓRDÃO DE 04 DE OUTUBRO DE 2000

ASSUNTO: Distribuição de dividendos do exercício de 1992 por sociedade afiliada estabelecida em Portugal a sociedade-mãe Holandesa. Retenção na fonte de IRC à taxa liberatória de 15% – artigo 69.º, 2, c), do CIRC, na redacção do DL n.º 123/92, de 2/VII. Concomitante retenção na fonte de ISD por avença à taxa de 5% – artigos 182.º, c), e 184.º do CIMSISD. Artigo 5.º, 4, da Directiva 90/435/CEE do Conselho.

SUMÁRIO:

I – O artigo 5.º, n.º 4, da Directiva 90/435/CEE do Conselho, de 23 de Julho de 1990, relativa ao regime fiscal comum aplicável às sociedades-mãe e sociedades afiliadas de Estados-Membros diferentes, ao limitar a 15% e a 10% o montante da retenção na fonte do imposto sobre os lucros distribuídos pelas filiais estabelecidas em Portugal às sociedades-mãe de outros Estados-Membros, deve ser interpretado no sentido de que essa derrogação não visa só o IRC, mas se aplica a qualquer imposição, qualquer que seja a sua natureza ou denominação, sob a forma de retenção na fonte sobre os dividendos distribuídos por essas filiais.

II – Como assim, dado que o Estado Português, após a sobredita Directiva, apenas procedeu à alteração do artigo 69.º do CIRC (DL n.º 123/ /92, de 2/VII), mantendo a redacção do artigo 182.º do CIMSISD, é de considerar derrogado este preceito, aquando da distribuição de dividendos por sociedade afiliada Portuguesa a sociedade-mãe de outro Estado-Membro, havendo a esta sido então retido na fonte IRC respeitante ao exercício de 1992 à taxa liberatória de 15%.

Relator,
(*Luís Filipe Mendes Pimentel*)

Acordam, em conferência, na Secção de Contencioso Tributário do STA:

EPSON EUROPE BV, com sede na Rua Prof. J.H. Bavincklaan, n.º 5, 1183 AT Amstelveen – Holanda, deduziu a presente impugnação judicial contra liquidação de imposto sobre sucessões e doações pago por avença (cujo lhe foi retido por ocasião do pagamento de dividendos), com fundamento em errada transposição para a ordem jurídica Portuguesa do disposto no artigo 5.º, n.º 4, da Directiva do Conselho de 23.VII.1990 (JOCE L-225, de 20.VIII.90), na medida em que, para além das taxas de 15% e 10% de Imposto Sobre o Rendimento das Pessoas Colectivas previstas no artigo 69.º, 2, c), do CIRC, na redacção introduzida pelo DL n.º 123/92, de 2.VII (com efeitos a partir de 1.I.1992), deixou subsistir a tributação dos rendimentos (dividendos) previstos no artigo 184.º do Código do Imposto Municipal da Sisa e do Imposto Sobre Sucessões e Doações, pelo que a tributação dos dividendos excede os preditos 15% ou 10%.

Por sentença de 4.IV.1995, a fls. 61-69, o Mmo Juiz de Direito do 2.º Juízo do TT de 1.ª Instância do Porto julgou procedente a impugnação, por isso que anulou a liquidação em causa e mandou restituir o atinente imposto pago.

Inconformados, o Ministério Público e a Fazenda Pública interpuseram para este STA recurso de tal decisão, rematando esta recorrente a sua alegação com as seguintes conclusões:

1. A dedução de 5% no rendimento das acções, efectuada pela sociedade afiliada Portuguesa à sociedade-mãe, não é um imposto sobre rendimento, nem, tão pouco, sobre o capital, mas antes um imposto sobre transmissões a título gratuito.

2. O facto de ser calculado com base no rendimento não lhe altera a natureza de um verdadeiro imposto sobre sucessões e doações.

3. Assim sendo – como é –, Directiva 90/435/CEE de 23/07/90, foi transposta para a ordem jurídica interna, por via legislativa, pelo DL 123/90, que deu nova redacção ao artigo 69.º do CIRC, com vista ao seu efeito prático.

4. Fica, portanto, com plena aplicação o artigo 182.º do CIMSISD, que prevê o pagamento por avença, mediante dedução de 5% no rendimento dos títulos, a título de imposto sucessório devido pelas transmissões a título gratuito.

5. Que nada colide com o IRC, nem a ele se assemelha.

6. Ainda que assim não fosse entendido, as Directivas não são directamente aplicáveis na ordem jurídica interna dos Estados-membros.

Imposto sobre Sucessões e Doacções Cobrado por Avença e Directiva 67

7. A distinção, prevista naquele preceito legal, entre regulamento – directamente aplicável – e Directiva – insusceptível de efeito directo – obedeceu à preocupação de preservar uma margem de liberdade dos Estados, dos quais fica a depender a integração na ordem interna das prescrições comunitárias constantes da Directiva.

8. A sentença recorrida, não obstante reconhecer a necessidade de as Directivas serem transpostas para o direito interno, concluiu pela aplicabilidade directa da Directiva sobredita.

9. Inexiste qualquer relação hierárquica entre o T.C.E. e as jurisdições nacionais e, muito menos, aquele funciona como um tribunal de recurso. Não lhe cabe, com efeito, reformar as decisões proferidas na ordem interna, ou anular os actos dos Estados, mesmo que contrários ao direito comunitário. O que não é o caso.

10. Do que ficou dito, falece o fundamento de que o artigo 182.° do CIMSISD deve ser derrogado, por força da aplicação directa da Directiva 90/435/CEE.

11. A Directiva foi transposta para o direito interno, mas nada tem a ver com tal artigo 182.°.

Por seu lado, a alegação de recurso do Ministério Público culmina com as seguintes conclusões:

a) A Directiva do Conselho 90/435/CEE apenas se reporta e se aplica às retenções na fonte;

b) Não abrange, nem limita, a tributação estabelecida pelos Estados-membros;

c) O acto previsto pelo artigo 182.° do CIMSISD não constitui uma retenção na fonte;

d) Trata-se do pagamento de um imposto com liquidação própria e prévia, como resulta dos artigos 182.° e 184.° daquele código;

e) Por isso, não se lhe aplica a limitação prevista pela referida Directiva, não sendo afectado por ela;

f) Deve, assim, revogar-se a sentença, por violação da Directiva e disposições referidas, e julgar-se improcedente a impugnação.

Contra-alegando, a impugnante conclui:

I. A Directiva 90/435/CEE, de 23.07.90, impõe ao Estado Português a obrigação de, posteriormente a 01.01.92, não reter na fonte, seja a que título for, mais do que 15% dos dividendos atribuídos por sociedades afiliadas Portuguesas a sociedades-mãe sediadas noutros Estados-membros, desde que verificados os requisitos nela elencados;

II. Aquela Directiva e aquela norma são hierarquicamente superiores às normas de direito interno não constitucionais e são dotadas de efeito directo;

III. O Estado Português, para transposição para a ordem jurídica interna daquela Directiva, apenas procedeu à alteração do artigo 69.º do CIRC, mantendo inalterado o artigo 182.º do CIMSISD;

IV. Do que resulta uma tributação global, por retenção na fonte, à taxa de 20%, incidente sobre os dividendos distribuídos por uma sociedade anónima de direito Português a uma sociedade sediada noutro Estado-membro, ainda que todos os requisitos legais previstos na Directiva se encontrem preenchidos;

V. Consequentemente, a tributação efectiva é superior à transitoriamente autorizada pela Directiva;

VI. Pelo que o artigo 182.º do CIMSISD deve considerar-se revogado "aquando da distribuição de lucros pelas sociedades afiliadas Portuguesas à sociedade-mãe, sendo esta de outro Estado-membro, como bem foi decidido na sentença recorrida.

Vem assente a seguinte factualidade:

– EPSON PORTUGAL – Informática SA, com sede na Rua do Progresso, n.º 471, 1.º, Perafita, apurou no exercício de 1992 o resultado líquido de 105 524 534$00.

– Por deliberação de 31.III.93, a EPSON PORTUGAL decidiu afectar a distribuição de dividendos o montante de 80 000 000$00, correspondente a 1 066$66 por cada acção detida.

– A impugnante é titular de 38 246 acções da EPSON PORTUGAL.

– Os dividendos distribuídos à impugnante foram no valor de 40 795 733$00.

– A EPSON PORTUGAL procedeu à retenção na fonte do IRC devido, à taxa de 15%, no montante de 6 119 360$00 e à retenção na fonte do imposto sobre sucessões e doações por avença, à taxa de 5%, no montante de 2 039 786$00.

– EPSON EUROPE BV, sociedade de responsabilidade limitada, é uma sociedade com uma das formas elencadas no Anexo à Directiva das Comunidades Europeias relativa a sociedades-mãe e filiais (90/435/CEE).

– Em conformidade com a lei fiscal Holandesa, Epson Europe BV é uma sociedade considerada residente na Holanda para efeitos fiscais e não é considerada residente, para efeitos fiscais, fora da Comunidade, por força dos termos de qualquer convenção sobre dupla tributação concluído com um Estado terceiro.

Imposto sobre Sucessões e Doacções Cobrado por Avença e Directiva 69

– EPSON EUROPE BV está sujeita a imposto sobre as sociedades na Holanda, sem possibilidade de opção ou de isenção.

No acórdão interlocutório de fls. 111-117, de 23.IX.1998, este STA submeteu ao TJCE, nos termos do artigo 177.° do Tratado de Roma (actual artigo 234.° CE) questão prejudicial sobre a interpretação do artigo 5.°, n.° 4, da Directiva 90/435/CEE do Conselho, de 23 de Julho de 1990, relativa ao regime fiscal comum aplicável às sociedades-mãe e sociedades afiliadas de Estados-Membros diferentes.

Pronunciando-se sobre a mesma em acórdão de oito de Junho último, cuja cópia autenticada constitui fls. 264-273 deste processo, tal orgão jurisdicional comunitário declarou:

O artigo 5.°, n. 4, da Directiva 90/435/CEE do Conselho, de 23 de Julho de 1990, relativa ao regime fiscal comum aplicável às sociedades-mães e sociedades afiliadas de Estados-Membros diferentes, ao limitar a 15% e a 10% montante da retenção na fonte do imposto sobre os lucros distribuídos pelas filiais estabelecidas em Portugal às suas sociedades-mãe de outros Estados-Membros, deve ser interpretado no sentido de que essa derrogação não visa só o IRC, mas se aplica a qualquer imposição, qualquer que seja a sua natureza ou denominação, sob a forma de retenção na fonte sobre os dividendos distribuídos por essas filiais.

Este Supremo está vinculado a esta interpretação, pois como se lê no acórdão do Pleno desta Secção de 11.XI.1998 – recurso n.° 13 893, "nos termos do artigo 5.° do Tratado das Comunidades Europeias, os Estados--membros – neles se incluindo os tribunais dos Estados-membros (...) – tomarão todas as medidas gerais ou especiais capazes de assegurar o cumprimento das obrigações decorrentes do Tratado da Comunidade Europeia ou resultantes de actos das instituições da Comunidade, devendo facilitar à Comunidade o cumprimento da sua missão. É a consagração do princípio da solidariedade comunitária. Por isso, temos que acatar a autoridade do caso julgado formado pelo acórdão do TJCE".

Aliás, já o doutor Miguel Almeida Andrade no seu *Guia Prático do Reenvio Prejudicial,* edição de 1991, refere, a pp. 106 e segs. que "é pacífico o entendimento segundo o qual o acórdão prejudicial reveste força obrigatória no processo que está na sua origem. E isto quer se trate de um acórdão interpretativo, quer de um acórdão de apreciação de validade.

O juiz nacional que submete a questão prejudicial ao TJCE vê-se assim confrontado com um acto jurisdicional ao qual está vinculado. Ou seja, ele terá que respeitar na decisão do litígio a doutrina do acórdão do TJCE; (...) só poderá fazer a aplicação dos preceitos de direito comunitário com o sentido que lhes tenha sido dado no acórdão que provocou.

A intervenção do TJCE não reveste, portanto, a forma de uma consulta, nem o seu acórdão pode ser visto como um parecer cuja doutrina possa, ou não, ser seguida pela jurisdição que esteve na origem do reenvio prejudicial. Como diz expressamente o artigo 177.°, o "Tribunal de Justiça é competente para *decidir* a título prejudicial", encontrando-se o juiz reenviante vinculado a essa decisão. Outra solução seria incompreensível face ao propósito visado com a instituição de um mecanismo que pretende assegurar a unidade do direito comunitário e que, inclusivamente, torna obrigatório para as jurisdições de cujas decisões não caiba recurso de direito interno a colocação das questões que envolvam a ordem jurídica comunitária ao TJCE.

A obrigatoriedade do acórdão para o juiz nacional foi claramente afirmada pelo TJCE no processo 52/76, Benedetti/Munari:

"*...nos termos do artigo 177.°, o Tribunal de Justiça é competente para decidir sobre a interpretação do (...) Tratado e dos actos adoptados pelas instituições da Comunidade.*

Segue-se que um acórdão proferido a título prejudicial tem por objecto resolver uma questão de direito e vincula o juiz nacional quanto à interpretação das disposições e actos comunitários em causa."

E mais à frente sublinha o mesmo autor que "a última palavra sobre as questões de direito comunitário envolvidas na solução de qualquer litígio cabe ao TJCE. As instâncias nacionais limitam-se a fazer eco da solução que lhes tiver sido dada pelo TJCE, aplicando-a ao caso concreto e assegurando desse modo a necessária uniformidade na aplicação da ordem jurídica comunitária."

Descendo, pois, ao caso *sub judicibus* cabe, desde logo, realçar que é incontroverso que a questão sobre que incidiu a transcrita pronúncia do TJCE reveste toda a pertinência para o *thema decidendum* dos autos, sendo que, como se exagerou no item 13 do acórdão comunitário, "resulta dos autos que a relação sociedade-mãe – sociedade filial entre as sociedades Epson Europe e Epson Portugal se enquadra no âmbito de aplicação da directiva, dado que se encontram preenchidos todos os requisitos para esse efeito".

Imposto sobre Sucessões e Doacções Cobrado por Avença e Directiva 71

Depois, é patente que a interpretação que o tribunal *a quo* fez da disposição legal comunitária em causa se compagina inteiramente com a operada por aquele orgão jurisdicional comunitário, sendo, efectivamente, sua consequência lógica que, "dado que o Estado Português, após aquela Directiva, apenas procedeu à alteração do art. 69.º do CIRC, mantendo a redacção do art. 182.º do CIMSISD, deve este preceito considerar-se derrogado aquando da distribuição de lucros pelas sociedades afiliadas Portuguesas à sociedade-mãe sendo esta de outro Estado-membro" e havendo-lhe sido retido na fonte IRC respeitante ao exercício de 1992 à taxa liberatória de 15%.

Demonstrada assim pela instância a ilegalidade da liquidação impugnada, reparo algum há, pois, a fazer à decretada procedência desta impugnação judicial, com anulação daquela e consequente ordem de emissão do correspondente título com vista à restituição à impugnante da quantia indevidamente cobrada a título de ISD.

Termos em que se acorda negar provimento ao recurso, confirmando-se a sentença recorrida.

Sem custas – artigo 2.º da Tabela.

Lisboa, 04 de Outubro de 2000

Luís Filipe Mendes Pimentel
Lúcio Barbosa
Brandão de Pinho
M.ºP.º Madalena Robalo

ANOTAÇÃO AO "ACÓRDÃO EPSON"
(IMPOSTO SOBRE SUCESSÕES E DOAÇÕES COBRADO POR AVENÇA E DIRECTIVA "SOCIEDADES MÃE-FILIAIS" SOBRE DIVIDENDOS)

Introdução

O denominado "Caso Epson"[34], conheceu recentemente o seu epílogo, com o correspondente Acordão do Supremo Tribunal Administrativo de quatro de Outubro de 2000, objecto da presente anotação. No Acordão em referência procede-se à aplicação conjugada da Directiva Sociedades Mães Filiais sobre dividendos[35] (a Directiva) e das normas relativas ao Imposto Sobre Sucessões e Doações cobrado por Avença[36].

No processo no qual foi proferido o dito Acordão discutia-se, essencialmente, a compatibilidade, ou não, desta Avença com o regime jurídico-tributário decorrente daquela Directiva e as consequências para o sujeito passivo de imposto (Sociedade Mãe) que havia sido sujeito a essa tributação sobre os dividendos auferidos, na eventualidade de se concluir pela incompatibilidade das disposições em análise.

A Directiva

A Directiva visa, como é sabido, isentar de tributação, quer à saída, quer à entrada, os dividendos auferidos por sociedades residentes na União Europeia e distribuídos por outras sociedades, igualmente residentes na União Europeia, desde que a participação daquelas sociedades nestas corresponda, pelo menos, a 25% do respectivo capital social, sempre que ambas as sociedades sejam efectivamente sujeitas a tributação em imposto sobre o rendimento das sociedades e ambas assumam uma das formas societárias previstas na Directiva (os Requisitos). Adicionalmente, os Estados-membros poderão condicionar a isenção à detenção dessa participação por um determinado período mínimo, não superior a vinte e quatro meses (o Período Mínimo)[37].

---

[34] O processo correu termos no 2.º Juízo do Tribunal Tributário de 1.ª Instância do Porto, na 2.ª Secção do STA sobre o n.º 19 730 e no TJCE sob o n.º C-375/98.

[35] Directiva 90/435/CEE do Conselho, de 23.7.90.

[36] Cfr. Arts. 182.º e ss. do CIMSISD (Código do Imposto Municipal de Sisa e do Imposto sobre Sucessões e Doações).

[37] Cfr. Art. 3.º, n.º 2 da Directiva.

Imposto sobre Sucessões e Doacções Cobrado por Avença e Directiva   73

A Directiva tem assim por objectivo eliminar a dupla tributação económica dos lucros distribuídos, quer no estado fonte (tributação à saída), quer no estado de residência da sociedade mãe (tributação à entrada).

Com efeito, da conjugação do princípio da tributação do "rendimento mundial" pelo Estado de residência, com a tributação, limitada ou não, no Estado fonte do rendimento, decorre uma dupla, ou plúrima, tributação dos rendimentos decorrentes de actividades económicas exercidas por grupos societários localizados em mais do que um Estado membro da União Europeia[38].

A constatação desta realidade, tem encorajado os legisladores nacionais a preverem, nos respectivos ordenamentos jurídicos, formas de eliminação ou atenuação dessa dupla tributação. A este propósito veja-se, ao nível nacional, o regime do art. 45.º do Código do IRC, que na sua redacção em vigor desde 01.01.01 elimina integralmente, por via de "isenção", a dupla tributação económica dos lucros distribuídos e o regime de crédito de imposto por dupla tributação económica de idênticos lucros, previsto nos Arts. 71.º e 72.º do mesmo Código[39].

Ora, é precisamente neste contexto que, em 1990, surge a Directiva que, mediante uma dupla proibição de tributação, quer à saída do Estado fonte (por retenção na fonte), quer à entrada no Estado de residência (por inclusão no lucro tributável), visa erradicar dos investimentos qualificados a nível comunitário, o fenómeno da dupla tributação quer jurídica, quer económica.

E isto porque esse fenómeno, enquanto entrave evidente aos investimentos transfronteiriços, corresponde a um entrave à liberdade de estabelecimento das pessoas colectivas e à liberdade de circulação dos capitais. Além de que, ao tornar mais onerosas as operações de concentração e cooperação entre empresas oriundas de Estados membros diferentes, constitui um entrave ao incremento da massa crítica e eficiência dos grupos comunitários, necessários à manutenção de um papel relevante da Comunidade numa economia altamente competitiva e globalizada. Resumidamente, a Directiva insere-se, assim, no quadro da criação de um "mercado interno" a nível comunitário.

---

[38] Tal plúrima tributação vem a traduzir-se, quer numa dupla tributação económica, quer numa dupla tributação jurídica, dos dividendos.

[39] Sobre este tema cfr. ALBERTO XAVIER, *Direito Tributário Internacional, Tributação das Operações Internacionais*, Almedina, Coimbra, 1997, pp. 31 e ss.

Neste contexto a Directiva proíbe, em síntese, qualquer retenção na fonte sobre os dividendos no Estado de residência da sociedade participada e visa impedir a tributação desses dividendos em imposto sobre o rendimento no Estado de residência da sociedade mãe.[40]

Importa, porém, salientar que Portugal, por razões orçamentais, foi temporariamente autorizado a tributar por retenção na fonte, à saída portanto, os lucros distribuídos por sociedades residentes em Portugal, primeiro por uma taxa não superior a 15% entre 1.1.92 e 31.12.96 e, subsequentemente, e até 31 de Dezembro de 1999, a uma taxa não superior a 10%[41].

A Transposição da Directiva

Como é sabido, as Directivas, contrariamente ao que ocorre com os Regulamentos, carecem de transposição para o Direito nacional.

Assim, em cumprimento desse dever de transposição, o legislador nacional alterou, ainda que tardiamente[42], quer o Art. 45.° do CIRC, quer o Art. 69.° do mesmo Código.

Em consequência dessa alteração legislativa, a tributação dos dividendos à entrada passou a incidir apenas sobre 5% dos mesmos e a tributação à saída passou a ser efectuada por retenção na fonte, à taxa de 15% entre 1.1.92 e 31.12.96 e à taxa de 10% entre 1.1.97 e 31.12.99.

Isto, obviamente, se verificados todos os requisitos previstos na Directiva e se, adicionalmente, a participação qualificada *tivesse sido*[43]

---

[40] Ou, em alternativa, obriga à concessão de crédito de imposto integral, cfr. art. 4.°, n.° 1 da Directiva. Note-se porém que, no caso de não tributação dos lucros distribuídos, a isenção poderá não ser total, pois que a Directiva admite que no Estado de residência e para efeitos de tributação em imposto sobre o rendimento, os dividendos auferidos contem por 5% do seu valor total. A *ratio* dessa regra é simples. Admite-se que a gestão da participação implique custos para a sociedade mãe, os quais serão relevantes para o cálculo do lucro tributável sujeito a imposto sobre o rendimento. Sendo extraordinariamente oneroso apurar os custos (ou parte destes) efectivamente conexos com a aquisição e manutenção dessa participação, optou-se pragmaticamente por considerar, a título forfetário, que os mesmos correspondem a 5% dos dividendos auferidos.

[41] Cfr. Art. 5.°, n.° 4 da Directiva.

[42] De facto, os citados artigos foram alterados pelo Dec.-Lei n.° 123/92 de 2/7, quando a transposição da Directiva deveria ter ocorrido até 31.12.91.

[43] Como se verá a verificação deste requisito como condição para aplicação da isenção contrariava a doutrina decorrente do Acordão Denkavit (Acordão de 17.10.96, nos processos apensos C-283/94, C-291/94 e C-292/94), hoje integralmente acolhida pelo Código do IRC desde 01.01.01.

Imposto sobre Sucessões e Doacções Cobrado por Avença e Directiva 75

mantida durante o já explicitado período mínimo ou desde a constituição da sociedade participada.

A título de curiosidade histórica refira-se que não foi logo prevista a tributação por retenção na fonte após o período transitório, i.e. após 31.12.99, já que o Estado Português planeava negociar uma extensão desse período, durante o qual fosse autorizado a manter uma retenção na fonte não superior a 5%. Porém, tal derrogação adicional não veio a verificar-se. Não obstante, desde 1.1.00 e até à recente "Reforma" Fiscal, a redacção do Art. 69.° do CIRC contrariava a Directiva e chegou a motivar uma interpretação administrativa, ainda que informal, totalmente contrária àquela, nos termos da qual e na ausência de disposição nacional de isenção, os dividendos distribuídos no âmbito da Directiva deveriam ser tributados por retenção na fonte à taxa de 25%, após 31.12.99.[44]

De qualquer modo, para o tema que agora nos ocupa, o que releva é que a transposição originou, em 1992, apenas a alteração dos citados Arts. do CIRC. As demais disposições nacionais permaneceram, pelo contrário, inalteradas.

Percebe-se o entendimento subjacente. Se a Directiva visa harmonizar a tributação sobre os lucros distribuídos entre empresas afiliadas sediadas na União Europeia, haveria apenas que alterar a legislação que, em Portugal, versava sobre a tributação do rendimento das pessoas colectivas, i.e. o Código do IRC.

Não obstante, o regime jurídico-tributário nacional aplicável a certos lucros distribuídos por sociedades nacionais prevê uma tributação destes, a título de Imposto sobre Sucessões e Doações.

Efectivamente, entre outros rendimentos de títulos, os dividendos distribuídos por sociedades anónimas estão sujeitos a uma tributação "substitutiva"[45] da tributação da transmissão das acções a título gratuito,

---

[44] Tal curiosidade histórica tem, porém, o interesse de evidenciar que, quer o legislador nacional, quer a Administração Tributária, não "interiorizaram" ainda cabalmente, como se verá, as consequências decorrentes da aplicação dos princípios do primado e, em determinados casos, do efeito directo, vertical e/ou horizontal, do Direito Comunitário.

[45] Não se abordará aqui, em detalhe, a natureza desse tributo como imposto sobre o rendimento ou sobre o património. A este propósito cfr. JAIME CARVALHO ESTEVES, a *Harmonização da Tributação Directa* e o *Imposto sobre Sucessões e Doações Cobrado por Avença*, Fisco, n.° 72/73 pp. 8 e ss. e bibliografia aí citada. Porém, como se explicitará, essa qualificação, ao nível nacional, deverá ser, de acordo com a Jurisprudência do TJCE, absolutamente irrelevante para efeitos de interpretação e aplicação do Direito Comunitário, originário ou derivado.

inter vivos ou *mortis causa*, nos termos dos Arts. 182.º e 184.º do CIMSISSD[46].

Nos termos das disposições legais citadas os dividendos ficam sujeitos a uma "avença", i.e. a uma retenção na fonte, correspondente a 5% do respectivo montante.

Do exposto decorre que a tributação dos dividendos auferidos por uma sociedade mãe nas condições previstas na Directiva excede sempre, em cinco pontos percentuais, a retenção máxima prevista na Directiva. Na verdade enquanto de 1.1.92 até 31.12.96 a Directiva autorizava a República Portuguesa a cobrar uma retenção na fonte não superior a 15%, da aplicação conjugada das duas disposições legais aludidas resultava uma retenção na fonte efectiva de 20%. A mesma diferença, agora de 10% para 15%, ocorria entre 1.1.97 até 31.12.99 e ocorre ainda hoje e desde 1.1.00, neste caso de zero para 5%.

A Factualidade do caso *Sub Judice*

Em 1993 a sociedade Epson Portuguesa atribuiu dividendos à sua sociedade mãe sediada na Holanda, por sua vez subsidiária de um grupo multinacional de origem japonesa, verificando-se na íntegra todos os requisitos para a aplicação da Directiva.

Nessa conformidade, procedeu à retenção na fonte de IRC à taxa de 15% e, adicionalmente, reteve ainda na fonte o Imposto Sucessório cobrado por Avença, à referida taxa de 5%. Resumidamente, reteve na fonte 20% do total dos dividendos atribuídos.

A sociedade beneficiária dos dividendos entendeu, porém, que a retenção na fonte, ainda que conforme com a legislação nacional, excedia o montante que o Estado Português se encontrava transitoriamente autorizado a cobrar (i.e. 15% nos termos já referidos).

Assim, reclamou graciosamente da referida liquidação de imposto. Sucedendo que a Reclamação Graciosa foi tacitamente indeferida, o sujeito passivo apresentou a correspondente Impugnação Judicial junto do Tribunal Tributário de Primeira Instância do Porto.

---

[46] Neste contexto consideraremos apenas a tributação incidente sobre as acções emitidas por sociedades anónimas, desconsiderando igualmente as isenções previstas. No entanto, não poderemos deixar de salientar que a análise dessas isenções, conjugada aliás com o controlo existente sobre a transmissão da larga maioria dos títulos, acentua o arcaísmo e injustificabilidade dessa tributação "substitutiva".

Decisão em Primeira Instância

O Meritíssimo Juíz do 2.° Juízo do Tribunal Tributário de Primeira Instância do Porto considerou, por Sentença de 04.04.95, que a Directiva, beneficiando naturalmente do denominado princípio do primado do Direito Comunitário face ao Direito Nacional de natureza não constitucional, gozava ainda de efeito directo vertical. Adicionalmente, entendeu que o efeito útil da Directiva não seria conseguido se não fosse proibida qualquer retenção na fonte sobre os dividendos, i.e. qualquer tipo de tributação à saída. De qualquer modo, considerou o Imposto Sucessório cobrado por Avença como um verdadeiro imposto sobre o rendimento e, consequentemente, inequivocamente abrangido pela Directiva.

Consequentemente considerou a tributação dos dividendos por Avença contrária à Directiva e como tal inaplicável, sempre que se encontrassem preenchidos os requisitos previstos na Directiva. Nessa conformidade anulou a liquidação em crise, ordenando a restituição à Impugnante do montante indevidamente arrecadado.

Recurso

Inconformados, quer o Representante da Fazenda, quer o Ministério Público, apresentaram recurso para o Supremo Tribunal Administrativo (STA).

Fundamentalmente, aduziam-se os seguintes argumentos contra a bondade da decisão. A Directiva não gozaria de efeito directo, aplicava-se apenas aos impostos sobre o rendimento, pelo que de modo algum afectaria a Avença que constituiria antes um imposto sobre as transmissões patrimoniais a título gratuito, ainda que com recurso a uma peculiar forma de cobrança.

Reenvio Prejudicial

Estando em causa apenas a interpretação de uma norma de direito comunitário, o STA entendeu, bem, solicitar a intervenção do Tribunal de Justiça das Comunidades Europeias (TJ), através do mecanismo do reenvio prejudicial.

Assim, o STA submeteu ao TJ a seguinte questão prejudicial: "o artigo 5.°, n.° 4 da Directiva..., na parte em que fixa os limites derrogatórios de 15% e 10% para Portugal, deve ser interpretado no sentido de esses limites se reportarem, tão só, à tributação em imposto sobre o rendimento das pessoas colectivas (em Portugal)? Ou abrange qualquer tributação do rendimento das acções, incidente sobre os dividendos, independentemente do diploma legal em que esteja prevista?".

Essa questão foi entendida pelo TJ como tendo o propósito de esclarecer se: "... o art. 5.°, n.° 4 da Directiva" deveria "ser interpretado no sentido de que essa derrogação só visa o IRC ou se essa disposição se aplica a qualquer imposição, qualquer que seja a sua natureza ou denominação, que seja cobrada sob a forma de retenção na fonte sobre os dividendos distribuídos por essas filiais".

Ora, parece que a "reformulação" subtilmente operada pelo TJ não é totalmente inocente. É que como ficou implícito, quer as posições das partes, quer a própria Sentença de 1.ª Instância, atribuíam uma relevância crucial à natureza da Avença como verdadeiro imposto sobre o rendimento ou não, opinião, porém, não partilhada pelo TJ. E repare-se que enquanto o STA inquire o TJ se a Directiva abrange a "tributação do *rendimento* das acções, incidente sobre os *dividendos*, independentemente do diploma legal" que a preveja, a questão prejudicial, tal como é entendida pelo TJ, surge em termos mais precisos e abrangentes: saber se a derrogação visa "qualquer imposição, qualquer que seja a sua *natureza* ... cobrada sob a forma de *retenção na fonte* ...".

Alegações

Quer nas suas alegações escritas, quer nas alegações orais subsequentes, as partes não alteraram as respectivas posições, revelando-se porém relevante a posição sustentada pela Comissão, até pelo facto novo extemporaneamente trazido à colação pelo Estado Português.[47]

A Epson manteve a sua posição alegando, fundamentalmente, que:

  a) a Directiva goza de primado e de efeito directo;

  b) a interpretação literal da Directiva proibiria qualquer retenção na fonte, pois que aquando da previsão normativa da proibição

---

[47] De facto, o Estado Português sempre insistiu que havia sido expressamente autorizado a manter a Avença, independentemente da Directiva. Porém, só próximo das alegações orais se encontrou em posição de juntar aos autos documentos que alegadamente comprovariam essa autorização expressa. Ainda que os documentos oferecidos não tenham sido integralmente considerados pelo TJ, o certo é que este reiterou a sua Jurisprudência anterior, nos termos da qual os documentos preparatórios serão irrelevantes em sede interpretativa se não encontrarem expressão no texto legal em causa.

da tributação à saída era esta a expressão usada, sem qualquer referencia à classificação do tributo, designadamente se imposto sobre o rendimento ou sobre o património;

c) ainda que assim não fosse a maximização do efeito útil da Directiva impunha tal interpretação;

d) ainda que tal fosse irrelevante, sempre se deveria considerar que a Avença consistia num verdadeiro imposto sobre o rendimento e não num imposto sobre o património e, como tal, inequivocamente incluído no âmbito de aplicação da Directiva.

A Comissão sustentou idêntica opinião, considerando também que o Estado Português havia incumprido a sua obrigação de transposição da Directiva ao manter inalterado o regime de tributação dos dividendos em Imposto sobre Sucessões e Doações cobrado por Avença, tendo-se assim concedido uma "derrogação suplementar" não prevista na Directiva.

O Estado Português começou por usar a argumentação tradicional, em resumo, que a tributação em causa se encontrava fora do âmbito da Directiva pois consistia numa tributação sobre o património. Adicionalmente, alegou também que havia sido expressamente reconhecida a especificidade da tributação dos dividendos em Imposto sobre Sucessões e Doações cobrado por Avença. É que nos termos de declaração conjunta era reconhecido que o Art. 5.º n.º 4 da Directiva não impedia a República Portuguesa de cobrar a Avença sobre os dividendos.

Perante esta linha de argumentação a Comissão entendeu ser irrelevante, para o efeito, o teor dessa declaração e a Epson sustentou que tal declaração era inaplicável pois não encontrava qualquer reflexo literal, ou outro, no texto da Directiva e salientou, adicionalmente, que ainda que a mesma fosse de considerar, nunca poderia ter o alcance pretendido pelo Estado Português.

Com efeito, a dita declaração extemporaneamente oferecida pelo Estado Português (a que se aludiu já) refere-se exclusivamente ao n.º 4 do Art. 5.º e não a este artigo globalmente considerado. Assim, numa interpretação conforme com a Directiva, só poderia ter o sentido de que nada impedia aquela tributação, durante o período transitório, desde que a retenção global imposta não excedesse os montantes transitoriamente autorizados, i.e. 15% e 10%. Na verdade, se o sentido fosse o de excluir a Avença do âmbito de aplicação da Directiva, a declaração deveria, pelo menos, referir-se ao Art. 5.º como um todo, e não apenas ao seu n.º 4. Com efeito, caso assim não fosse entendido, teria de concluir-se que entre 1992 e 1996 a República Portuguesa poderia aplicar uma retenção na fonte com a taxa máxima de 20%, reduzida para 15% entre 1997 e 1999, a qual seria absolutamente eliminada em 01.01.00. Haveria assim uma derrogação implícita decorrente daquela declaração não reflectida no texto da Directiva. E, porém, o alcance não poderia ser outro, sob pena de ser ininteligível a remissão, exclusivamente, para o n.º 4 do art. 5.º da Directiva.

De facto, a pretender-se excluir a Avença do âmbito da Directiva, independentemente do correspondente efeito jurídico, a remissão teria de efectuar-se para o art. 5.º (proibição da tributação à saída) e não para o seu n.º 4 que estabelece uma mera derrogação transitória a esse princípio.

Assim, a única interpretação possível dessa Declaração conjunta, ainda que manifestamente inócua, seria a de que os limites transitoriamente permitidos à República Portuguesa poderiam ser atingidos, mas não superados, pelo IRC ou pela aplicação conjugada do IRC e da Avença.

O Parecer do Advogado Geral

Atento o sintetismo patente nos Acordãos do TJ e do STA, as extensas conclusões do Advogado Geral George Comas de 17.02.00, assumem particular relevância como elemento fundamentador da decisão final do pleito.

Nas suas Conclusões o Advogado Geral começa por salientar que a Directiva decorre da possibilidade de se verificar uma dupla tributação dos "agrupamentos de sociedades instaladas em mais do que um Estado--membro" da União Europeia e procede, subsequentemente, a uma análise particularmente aprofundada da Directiva, das normas nacionais relevantes e da matéria de facto dada como provada.

Ainda de modo preliminar, o Advogado Geral salienta que "o Imposto pago por avença tem uma taxa fixa de 5% sobre o rendimento de determinados títulos e não uma taxa variável dependente da determinação do valor das transacções efectuadas", e que o STA considera que a base de incidência do IRC e do ISD é, em qualquer caso, o rendimento, "dado que o ISD é pago sob a forma de uma dedução, à taxa de 5%, aos dividendos ou de quaisquer outros rendimentos atribuídos aos títulos", tratando--se "assim de um imposto sobre o rendimento cobrado paralelamente ao IRC ..., apesar da sua denominação como imposto sobre as sucessões e doações". Esclarece ainda que o Tribunal de 1.ª Instância havia concluído pela anulação da liquidação de ISD "com fundamento no facto de o montante de imposto cuja cobrança estava autorizada a Portugal ... já ter sido atingido pelo pagamento por retenção na fonte do imposto sobre as socie-

Imposto sobre Sucessões e Doacções Cobrado por Avença e Directiva   81

dades e de que qualquer desconto suplementar para pagamento do ISD privaria de qualquer eficácia prática a directiva".

Para o Advogado Geral as posições em confronto poderiam resumir-se a duas. De um lado a Epson e a Comissão que entendiam que a Directiva seria aplicável "a qualquer imposição fiscal cobrada sobre a forma de retenção na fonte sobre os dividendos distribuídos por uma sociedade afiliada à sua sociedade-mãe que tenha a sua sede noutro Estado-membro, independentemente da denominação dada a essa imposição". De outro lado a Administração Fiscal Nacional e o Estado Português, sustentando a inaplicabilidade da Directiva, porquanto o ISD "não incide sobre o rendimento mas sobre o valor do título apurado através da capitalização dos dividendos", razão pela qual "o Artigo 182.º fixa a forma de pagamento de um imposto sobre a transmissão de bens patrimoniais", constituindo assim, nos termos da argumentação do representante do Estado Português, "uma antecipação" do imposto sobre as sucessões e doações, não podendo "ser posta em causa a sua natureza de imposto sobre as transmissões patrimoniais a título gratuito que substitui o imposto geral sobre as sucessões e doações com taxa progressiva".[48]

Perante estes argumentos e como fundamentação das suas conclusões o Advogado Geral começa por aludir ao Acordão Denkavit para salientar que a Directiva "visa facilitar a cooperação" transfronteiriça ao obviar, através "de um regime fiscal comum, a qualquer penalização da cooperação entre sociedades de Estados membros diferentes", sendo nesse âmbito que deve ser enquadrada a obrigação de isenção da tributação à saída dos dividendos por retenção na fonte. Ora, ocorrendo que à República Portuguesa foi concedida uma derrogação temporária a esse princípio, por razões orçamentais, aquela derrogação deve ser "interpretada em termos estritos", à semelhança do que havia sido decidido no Acordão Denkavit, pelo que os "Estados-membros não podem ... neste aspecto, instituir unilateralmente medidas restritivas...".

Subsequentemente, o Advogado Geral pronuncia-se, com apoio em Jurisprudência anterior, sobre um ponto de largo alcance: os princípios do

---

[48] O Advogado Geral salienta assim, com particular acuidade, o cerne da argumentação em confronto: de um lado o elemento literal ("retenção na fonte") extraído do art. 5.º n.º 4 da Directiva e o seu efeito útil pretendido (abolição da dupla tributação económica dos lucros distribuídos); de outro a alegada natureza patrimonial do tributo em causa que só "substitutivamente" atingiria o rendimento. Embora como já se referiu, a natureza do tributo venha a ter uma relevância menor na decisão da causa, parece claro dever, hoje, alinhar-se pela Doutrina tendencialmente dominante que considera a Avença um verdadeiro imposto sobre o rendimento e não um imposto sobre o património, aliás, de duvidosa constitucionalidade.

primado e do efeito directo do direito comunitário postulam que a locução do Artigo 5.° da Directiva: "retenção na fonte de impostos sobre lucros distribuídos", não seja analisada para efeitos interpretativos "com base em distinções lógicas e em construções teóricas do direito interno". Consequentemente, saber se o ISD por avença é uma "retenção na fonte" na acepção da Directiva "é da competência do Tribunal de Justiça, independentemente da caracterização nacional".

Assim, para o efeito e na opinião do Advogado Geral, importa antes identificar o facto gerador e a incidência do tributo. Ora, pareceu seguro que o facto gerador consiste na produção de rendimentos pelos títulos, que a base tributável consiste no respectivo rendimento, que a sua forma de cobrança constitui uma retenção na fonte e que o imposto tem uma taxa fixa e não uma taxa variável dependente das transmissões efectuadas. Concluindo: quer o IRC, quer o ISD por avença, têm a mesma base de incidência (rendimentos) e a mesma forma de cobrança (retenção na fonte).

Esta linha interpretativa, assenta aparentemente na interpretação da Directiva com base no elemento literal. A ela haverá que acrescer a interpretação baseada no elemento sistemático por comparação entre o "âmbito de aplicação *ratione personae*" definido no Artigo 2.° e o "âmbito de aplicação *ratione materiae*" dos Artigos 4.° e 5.° da Directiva[49], bem como a interpretação estribada no elemento teleológico retirado da maximização do efeito útil da Directiva. Em qualquer caso competiria concluir que a Avença caberia na locução "retenção na fonte" do Artigo 5.° e teria de ser abrangida pelo citado artigo, sob pena de iludir o efeito útil da Directiva. Na verdade "os fins prosseguidos pela Directiva ficariam comprometidos se a República Portuguesa pudesse livremente manter as imposições fiscais que, apesar de constituírem retenção na fonte do imposto, foram qualificadas diversamente com o objectivo de iludir as proibições da Directiva, ou abrangidas por outra qualificação já existente ... o que no fundo, vai dar ao mesmo resultado".

Ou seja, para o Advogado Geral importa apreciar o efeito útil da aplicação objectiva das disposições nacionais relevantes, comparando-o com o efeito útil visado pelas disposições comunitárias, independentemente das qualificações nacionais e de um eventual *animus* defraudatório ou evasivo do Estado Nacional.

---

[49] Salienta-se assim, bem, que a exigência expressa na Directiva de que ambas as Sociedades se encontrem sujeitas a imposto sobre o rendimento, não pode servir para concluir, sem mais, que a retenção na fonte objecto de proibição tenha de ser caracterizada como um imposto sobre o rendimento.

Adicionalmente, o Advogado Geral considera ainda irrelevantes as declarações trazidas à colação pela República Portuguesa, já que as mesmas não encontram qualquer reflexo no texto da Directiva.

Com base nos motivos sumariamente elencados, o Advogado Geral sugeriu que o TJ deveria responder ao STA declarando que o "art. 5.º, n.º 4, da Directiva... deve ser interpretado no sentido de que os limites máximos de 15% e de 10% da derrogação consentida a Portugal abrangem um imposto sobre as sucessões e doações que é cobrado em casos como o do processo principal".

As conclusões apontam assim para uma linha de raciocínio absolutamente clara:

a) o primado e efeito directo da Directiva é totalmente evidente;

b) o efeito útil da Directiva abrange a Avença;

c) a qual se encontra igualmente incluída no elemento literal ("retenção na fonte");

d) é, para o efeito, irrelevante a qualificação nacional do imposto;

e) que, porém, constitui um imposto sobre o rendimento;

f) sendo igualmente irrelevantes quaisquer declarações laterais, aprovadas ou não, na medida em que nenhum reflexo encontram na letra ou na *ratio* da Directiva.

Salvo o devido respeito, só neste particular aspecto as conclusões merecem um ligeiro reparo. É que a interpretação atrás sugerida, permitiria atribuir algum efeito útil, ainda que inócuo, à dita Declaração, sem dúvida resultante de difíceis e equívocos compromissos de índole política.

O Acordão do TJ

Em sucinto Acordão, o TJ analisa os Arts. 2.º e 5.º da Directiva, compaginando-os com os Arts. 69.º do CIRC e 182.º e 184.º do CIMSISSD, os factos provados e os argumentos aduzidos até essa fase do processo.

Subsequentemente o TJ salienta que o art. 5.º da Directiva abrange qualquer retenção na fonte, pois aquela expressão "não se limita a determinados tipos de imposições precisas". Salienta ainda que o ISD por avença é cobrado por retenção na fonte, tendo o mesmo efeito de um imposto sobre o rendimento. Por fim enfatiza ainda que o mesmo permitiria frustar o efeito útil da Directiva.

Assim, implicitamente, o TJ louva-se na fundamentação do Advogado Geral, partindo da interpretação do elemento literal ("retenção na fonte") sem qualquer tipo de restrição, porquanto só a proibição da imposição de qualquer retenção na fonte permitiria atingir o já identificado efeito útil pretendido pela Directiva.

Por último, o Acordão prejudicial do TJ constata que os vários documentos trazidos à colação pelo Estado Português, incluindo uma Declaração do Conselho, não encontram qualquer expressão no texto da Directiva, sendo assim irrelevantes, nos termos de abundante Jurisprudência anterior.

Atentos aqueles pressupostos, sem mais, o TJ, respondendo à questão prejudicial colocada pelo STA, decidiu no sentido proposto pelo Advogado Geral, mas em termos mais abrangentes, mas integralmente compatíveis com a questão prejudicial tal como havia sido interpretada pelo TJ, constatando que "o artigo 5.° n.°4, da Directiva… ao limitar a 15% e a 10% o montante da retenção na fonte do imposto sobre os lucros distribuídos pelas filiais estabelecidas em Portugal às suas sociedades-mãe de outros Estados-membros, deve ser interpretado no sentido de que essa derrogação não visa só o IRC, mas se aplica a qualquer imposição, qualquer que seja a sua natureza ou denominação, sob a forma de retenção na fonte sobre os lucros distribuídos por essas filiais".

O Acordão do STA

Por fim o STA, salientando estar vinculado à interpretação declarada pelo TJ pois o "acordão prejudicial reveste força obrigatória no processo que está na sua origem"[50], confirmou a Sentença do Tribunal Tributário de 1.ª Instância recorrida, já que a consequência do *in casu* pertinente Acordão do TJ seria a de dever "considerar-se derrogado" o Art. 182.° do CIMSISSD "aquando da distribuição de lucros pelas sociedades afiliadas portuguesas à sociedade-mãe, sendo esta de outro Estado-membro", razão pela qual ficou demonstrada a "ilegalidade da liquidação impugnada".

Conclusão

Analisado o Processo e elencados os argumentos esgrimidos em favor das teses em confronto, constata-se que o TJ reconduziu, pragmaticamente, o caso *sub judice* à sua expressão mais simples.

---

[50] Citando MIGUEL ALMEIDA ANDRADE, *Guia Prático do Reenvio Prejudicial*, 1991, pp. 106 e ss.

Imposto sobre Sucessões e Doacções Cobrado por Avença e Directiva

O TJ constata que a derrogação concedida à República Portuguesa radicou em motivos estritamente orçamentais[51] e que o art. 5.° da Directiva visa qualquer retenção na fonte[52], que a Avença constitui uma retenção na fonte incidente sobre os dividendos, sendo suportada pelo respectivo titular. De acordo com o TJ a Avença tem assim "o mesmo efeito que um imposto sobre o rendimento"[53], o que conduz à frustração do efeito útil visado pela Directiva[54] e, *in casu*, à atribuição à República Portuguesa de uma "derrogação suplementar" não prevista pela Directiva[55]. Por essa razão, e não obstante qualquer elemento contraditório decorrente dos trabalhos preparatórios[56], a Avença deve considerar-se abrangida pela proibição decorrente da Directiva.

Já o STA, porém, de modo igualmente pragmático, mas algo sibilino, limita-se a constatar dever acolher a interpretação do TJ que, porque

---

[51] Cfr. n.° 21 do Acordão. Refira-se a este propósito que as duas outras derrogações concedidas à República da Alemanha e à República Helénica, decorriam da peculiar estrutura da respectiva tributação sobre o rendimento das sociedades.

[52] Cfr. n.° 22 do Acordão. Lapidarmente refere o TJ que a retenção na fonte prevista no art. 5.° da Directiva "não se limita a determinados tipos de imposições nacionais precisas". Aliás, a este propósito, o TJ alude, ainda que em termos não totalmente inequívocos, à tese sustentada pela Epson, segundo a qual haveria que distinguir o elemento pessoal necessário para incluir as sociedades no âmbito da aplicação da Directiva (sujeição a imposto sobre o rendimento), da previsão normativa do art. 15.°, onde se visa toda e qualquer retenção na fonte, independentemente da denominação ou natureza dessa retenção.

[53] Cfr. n.° 23 do Acordão. Escusando-se a qualificar a natureza da Avença, questão, aliás, tida como irrelevante, o TJ analisa porém os seus elementos essenciais, seguindo de perto as conclusões do Advogado Geral, para concluir que o seu efeito útil é equivalente ao de um imposto sobre o rendimento cobrado pelo Estado fonte "à saída" dos dividendos.

[54] Cfr. n.° 24 do Acordão. Saliente-se que o TJ encara o efeito útil sob uma dupla perspectiva. Primeiro o efeito útil da "retenção na fonte" imposta, compaginando-o subsequentemente com o efeito útil visado pela Directiva, salientando que este "seria frustrado" se os Estados-Membros "pudessem, deliberadamente, privar as sociedades de outros Estados-Membros do benefício da Directiva, sujeitando-as a impostos com o mesmo efeito que o imposto sobre os rendimentos, embora com uma denominação que as inclua na categoria de impostos sobre o património". A passagem citada merece apenas um reparo, na medida em que o TJ, provavelmente de modo involuntário, afasta-se da posição do Advogado Geral ao exigir, implicitamente, um intuito deliberado do Estado-Membro na incorrecta transposição da Directiva.

[55] Crf. n.° 24 do Acordão, no qual o TJ cita uma expressão feliz da Comissão.

[56] Cfr. n.° 26 do Acordão, no qual o TJ poderia ter sido mais incisivo, declarando claramente se havia considerado para a sua decisão, ou não, a totalidade dos documentos oferecidos pela República Portuguesa e nesse caso, qual a interpretação que aos mesmos deveria ser conferida.

conforme com a Sentença recorrida, tem de conduzir à improcedência do recurso e à confirmação da Sentença de 1.ª Instância recorrida.

Consequências Futuras

O Acordão Epson não deixará, seguramente, de assumir particular relevância doutrinária e prática.

Assim, ao nível doutrinal, não poderá deixar de se enfatizar o reforço claro da Jurisprudência segundo a qual são irrelevantes as Declarações que não encontrem qualquer expressão no elemento literal da norma comunitária, bem como a explicitação, com carácter particularmente acutilante, da igual irrelevância da classificação dos tributos ao nível nacional para efeitos de interpretação das normas comunitárias. Isto, naturalmente, a par da óbvia definição do alcance de "retenção na fonte" para efeitos da Directiva.

A brevíssimo prazo será interessante observar a posição do Estado Português face ao teor do Acordão. De facto, parece que, sob pena de incumprimento reiterado, o Estado Português não poderá deixar de retirar as devidas ilações do Acordão, designadamente aquando da esperada reforma da tributação sobre o património. Não obstante, tais ilações deveriam ter sido já extraídas aquando da aprovação do Orçamento do Estado para 2001.

Se compaginarmos esse mutismo com o acolhimento, na "Reforma" Fiscal do imposto sobre o rendimento, das consequências do Acordão Denkavit, poderemos ser tentados a concluir que o Estado, mal, pretende deixar claro que não aceita a interpretação da Directiva declarada pelo TJ.

Aliás, neste âmbito, será curioso notar se o Estado insistirá, ou não, na validade da Declaração do Conselho a que se fez alusão, até porque, como se salientou, o TJ não deixou claro se considerou, ou não, a totalidade dos documentos oferecidos pelo Estado.

Porém, caso o Estado venha a cumprir, integralmente, a obrigação de resultado imposta pela Directiva, abolindo a Avença quando preenchidos os requisitos daquela, parece que também ao nível da tributação interna não poderá deixar de se ter em consideração, ao menos a prazo, a nova realidade suscitada pelo Acordão em análise.

Na verdade, o facto de as empresas comunitárias passarem a gozar de isenção nas circunstâncias previstas na Directiva, acabará por impôr idêntica isenção para as empresas nacionais que se encontrem em iguais circunstâncias, sob pena de intolerável discriminação inversa.

Tal facto, por outro lado, deverá acentuar a urgência da reformulação do tributo e, consequentemente, da sua ulterior abolição.

Resumidamente, o Acordão Epson veio tornar eminente o fim desta, hoje, injustificável forma de tributação "substitutiva" das transmissões patrimoniais a título gratuito.

Também ao nível das negociações no seio da União Europeia o Estado Português deverá retirar as devidas ilações da posição da Comissão quanto à irrelevância da declaração conjunta, posição aliás reiterada pelo Advogado Geral e pelo TJ, assumindo uma posição mais cautelosa aquando dos compromissos políticos de que tais declarações são expressão. Aliás, a proposta de Directiva sobre juros e royalties[57] poderá suscitar idêntica problemática, nomeadamente, caso seja abolida a actual isenção de Avença aplicável aos juros de obrigações.

Por outro lado ainda, a consideração da Avença como um imposto sobre o rendimento não poderá deixar de ter repercussões ao nível da negociação, e em alguns casos da própria aplicação, das Convenções para Evitar a Dupla Tributação em Imposto sobre o Rendimento[58].

A este propósito refira-se que uma Sentença de 10.11.00 da 2.ª Secção do 1.º Juízo do Tribunal Tributário de 1.ª Instância de Lisboa[59], considerou já a Avença abrangida pelo Acordo destinado a evitar a dupla tributação nos impostos sobre o rendimento celebrado com a Bélgica. Por outro lado, o Reino dos Países Baixos considera que a retenção na fonte máxima aplicável aos dividendos pagos por sociedades nacionais no âmbito de idêntica Convenção celebrada com aquele Estado, não poderá ser excedida, ainda que tal resulte da aplicação conjugada do IRC e da Avença.

Finalmente, sendo um caso limite, o exemplo nacional servirá naturalmente para refrear outros Estados membros da intenção de "substituírem" a retenção na fonte sobre os dividendos por outra forma similar de tributação, ainda que de diversa natureza.

Mas também ao nível dos particulares as repercussões deste Acordão deverão vir a revelar-se pertinentes.

---

[57] Cfr. 98/C 123/07.

[58] Cfr. JAIME CARVALHO ESTEVES, *ob. cit.*, pp. 19 e ss.

[59] Nesta Sentença mais uma vez se considera a Avença "materialmente como verdadeiro imposto sobre o rendimento". Adicionalmente o respectivo processo apresenta a particularidade, que se salienta com agrado, do Representante da Fazenda Pública ter pugnado pela procedência da acção.

Naturalmente, aqueles que se encontrem em prazo deverão de imediato reclamar graciosamente da cobrança do imposto. Adicionalmente, as cobranças da Avença cuja data imponham já a impossibilidade de reclamação graciosa, deverão ainda assim ser questionadas, já que foi inequivocamente o Estado Português quem deu causa a tal situação.

Por fim poderá perguntar-se: deverão as empresas nacionais absterse de reter na fonte a Avença aquando da distribuição de lucros, naturalmente quando se verifiquem os requisitos previstos na Directiva? Paradoxalmente, entendo que a resposta não se afigura inequívoca. E isto não por razões tributárias, mas antes por razões de natureza societária.

É que se o benefício da ausência de retenção na fonte reverte exclusivamente para o accionista, o risco patrimonial e contraordenacional corre por conta da filial e do respectivo órgão de administração, para o que não pode deixar de se considerar o silêncio do Estado sobre esta matéria.

Por tal razão parece que o órgão de administração da filial deverá ponderar, em função das circunstâncias, nomeadamente no caso de existirem sócios minoritários "livres", do interesse em observar "escrupulosamente" a legislação nacional, cabendo então à sócia lesada invocar graciosamente e, subsequentemente, contenciosamente, a doutrina decorrente do Acordão Epson, com vista ao reembolso do imposto indevidamente retido, acrescido dos correspondente juros indemnizatórios. Isto, porquanto a Administração Fiscal não se pronunciou ainda sobre as consequências do Acordão, sendo certo que, simultaneamente, está vinculada hierarquicamente à observância das instruções internas, tipicamente assentes exclusivamente na legislação nacional aplicável.

Por tal motivo, deve concluir-se ser urgente a reformulação da tributação dos lucros distribuídos em termos compatíveis com a Directiva, mas que não conduzam a insustentável discriminação inversa das sociedades residentes.

Jaime Carvalho Esteves

SUPREMO TRIBUNAL ADMINISTRATIVO
SECÇÃO DE CONTENCIOSO TRIBUTÁRIO
CONTENCIOSO TRIBUTÁRIO GERAL

RECURSO: 21 515
RECORRENTE: TRINORTEL – TRANSFORMADORA INDUS-
TRIAL DE MAQUINARIA E PRODUTOS ALIMENTARES DO
NORTE, LD.ª,
RECORRIDA: FAZENDA PÚBLICA
RELATOR: EXM.º CONS. BRANDÃO DE PINHO

REC. N.º 21 515   ACÓRDÃO DE 23 DE SETEMBRO DE 1998

ASSUNTO: Conceitos indeterminados – sindicabilidade pelo Tribunal – art. 112.º do CIRC – Lucro tributável – Correcções de natureza quantitativa dos valores declarados – recurso hierárquico – discricionariedade técnica ou margem de livre apreciação – custos ou perdas.

SUMÁRIO:
1 – O recurso hierárquico previsto no art. 112 do CIRC apenas tem aplicação às correcções de natureza quantitativa efectuadas pela Administração Fiscal, aos valores declarados pelo contribuinte, no uso da chamada discricionariedade técnica ou margem de livre apreciação.

2 – Não se integra, em tal quadro legal, a apreciação da indispensabilidade comprovada dos custos de perdas «para realização dos proveitos ou ganhos sujeitos a imposto ou para a manutenção da fonte produtora» nos termos do art. 23 do CIRC.

3 – Tal indispensabilidade constitui um conceito indeterminado e, necessitado embora de preenchimento, aí não só o poder da Administração é rigorosamente vinculado como não existe qualquer margem de livre apreciação por parte da mesma, não havendo que formular juízos de oportunidade mas de tipo cognoscitivo, pelo que tal indispensabilidade é rigorosamente controlada pelo tribunal, não estando em causa qualquer especial saber técnico, juízo de imediação ou valoração pessoal daqui emergente ou quaisquer outros elementos imponderáveis.

4 – Assim, a sua legalidade deve ser apreciada, nos termos do art. 111.º, do mesmo diploma, através de reclamação graciosa ou impugnação judicial da liquidação respectiva.

Relator,
(*Brandão de Pinho*)

Acordam na Secção do Contencioso Tributário do S.T.A.:

TRINORTEL – TRANSFORMADORA INDUSTRIAL DE MAQUINARIA E PRODUTOS ALIMENTARES DO NORTE, LD.ª, vem interpor recurso contencioso do despacho do SEAF, de 26.11.96, exarado sobre a informação n.º 999/96, da Direcção de Serviços do IRC, que lhe indeferiu liminarmente recurso hierárquico, deduzido nos termos dos arts. 91 do CPT e 112 do CIRC.

Fundamentou o recurso em violação de lei – ditos normativos e arts. 23 e 51 do CIRC.

E respondeu a autoridade recorrida, no sentido do não provimento ao recurso.

A recorrente concluiu as suas alegações do jeito que segue:

«O despacho recorrido, negando conhecer do recurso hierárquico, enferma de clara violação de lei, por ofensa do disposto no art. 112 do CIRC.

Nestes termos, dando provimento ao recurso, deve, por via dele, ser revogado o despacho recorrido e ordenar-se a baixa dos autos, para prolacção de decisão de mérito pela entidade recorrida, como foi inicialmente requerido.

Sem prescindir, e para o caso em que V.Ex.ª entendam conhecer do mérito:

– A recorrida nada objectou quanto ao mérito nos arts. 11.º e segs. da petição.

– Nada há, nos autos, notícia de erros, inexactidões ou indícios fundados de que a contabilidade não reflecte a matéria tributária efectiva do contribuinte; e, por outro lado, há sim, notícia que se encontra organizada segundo a lei comercial e fiscal.

Deve pois o recurso proceder também nessa parte, nos termos das disposições legais dos arts. 23.º, 51.º e 78.º do CIRC, que consagram o princípio da veracidade dos dados e apuramentos decorrentes da contabilidade e, por via dele, serem anuladas as correcções efectuadas pela Administração Fiscal».

Por sua vez, concluiu aquela autoridade:

a) O acto recorrido é a correcção dos custos apresentados pela ora recorrente na sua declaração de IRC do ano de 1991;

b) Tal correcção não é um acto tributário mas um simples acto preparatório ou vestibular conducente à liquidação do imposto, este sim o acto tributário susceptível de reacção por parte do contribuinte;

Conceitos Indeterminados e a Sindicabilidade pelo Tribunal 93

c) A prática de tal acto resultou do exercício de um poder vinculado, por parte da Administração Fiscal que se limitou a constatar a «não indispensabilidade das despesas ou encargos apresentados, não os considerando portanto como custos, face ao disposto no corpo do art. 23.° do CIRC;

d) A ora recorrente só podia pois reagir, contra tal facto, através de uma reclamação graciosa ou de uma impugnação judicial, nos termos previstos no C.P.T.;

e) Pelo que o recurso hierárquico, por si deduzido, foi-o impropriamente, sendo correcto o entendimento da autoridade recorrida que se pronunciou a favor do respectivo indeferimento.

Nestes termos e nos mais de direito, deve ser negado provimento ao presente recurso... devendo o acto recorrido ser mantido com todas as legais consequências».

O Exm.° magistrado do M.° P.° emitiu o seguinte parecer:

«A questão que se coloca no recurso é a de saber se a correcção em causa, à matéria colectável do IRC, é susceptível de recurso hierárquico, nos termos do 112.° do CIRC, como entende a Recorrente, ou exclusivamente de reclamação ou impugnação, nos termos do art. 111.°, como sustenta a autoridade Recorrida.

A razão parece estar com a recorrente.

Desde logo, a letra do preceito (n.° 1 do art. 112.°) inculca a ideia de que, havendo correcção de natureza quantitativa, como é o caso, há possibilidade de recurso hierárquico; depois o n.° 5 da norma – sempre que o contribuinte utilize o recurso hierárquico não poderá, em relação à matéria recorrida, socorrer-se dos meios de defesa previstos no artigo anterior – estabelece, claramente, que o contribuinte pode optar entre o recurso hierárquico e a reclamação (impugnação, nos termos do C.P.T.)

Parece, assim, não ter fundamento legal, a interpretação restritiva que a Administração Fiscal fez do art. 112.° do CIRC.

Termos em que sou de parecer que o recurso merece provimento.»

E, corridos os vistos legais, nada obsta à decisão.

Em sede factual, apura-se, dos autos, que:

1) A ora recorrente apresentou, nos serviços da Administração Fiscal, a respectiva declaração de IRC referente ao exercício de 1991.

2) Nela incluindo, como custo, o montante de 7.358.282$00, a título de reembolso, por despesas de deslocação em viatura própria, pagos aos

seus gerentes, Mário Fernando, José Manuel, Sérgio Augusto, José Maria e Arlindo Gomes.

3) Custos de deslocações que, em inspecção efectuada à contribuinte, conforme relatório de fls. 37 e sgts., do Apenso 1, que aqui se dá por reproduzido (ponto 1.4), não foram aceites, «para efeitos fiscais, nos termos do art. 23.º do CIRC, porque não foram comprovadamente indispensáveis para a realização dos proveitos nem para a manutenção da fonte produtora».

4) Por ofício n.º 07904, de 23-08-96 – fls. 26, do Apenso 1, cujo teor se tem por reproduzido, foram enviados à recorrente «os fundamentos das correcções efectuadas à matéria colectável» relativa ao IRC do exercício de 1991, informando-se que «a liquidação do imposto, com base nas referidas correcções será, a breve prazo, feita e notificada pelos serviços centrais da D.J.C.I, com emissão, sendo caso disso, da nota de cobrança necessária para proceder ao correspondente pagamento ou do cheque relativo à importância a restituir» e que, «nos termos do art. 111 do código do IRC, poderá V.Ex.ª, reclamar ou impugnar a liquidação do imposto quando vier a ser efectuada pelos serviços centrais da D.G.C.I., nos prazos previstos, respectivamente, nos arts. 97.º e 123.º do Código de Processo Tributário, contados a partir dos correspondentes factos mencionados no n.º 1 deste último artigo», e, bem assim, que «da presente comunicação dos fundamentos das correcções efectuadas, não cabe qualquer reclamação ou impugnação».

5) De tais correcções interpôs a contribuinte recurso hierárquico para o Ministro das Finanças, «nos termos dos arts. 91.º do CPT e art. 112.º do CIRC... na parte correspondente ao montante de 7.358.282$00, relativo a despesas de deslocações que não foram aceites, como custos fiscais do exercício» – fls. 21 do Apenso 1, cujo teor se tem por reproduzido.

6) Na Direcção Distrital das Finanças do Porto (Divisão dos Impostos sobre o Rendimento) foi, em 24-10-96 elaborada a informação n.º 121/96 – fls.7, do Apenso 1 – cujo teor se dá por reproduzido, sobre o aludido recurso hierárquico, remetida, para apreciação, à DSIRC.

7) Nesta foi, em 19 Nov. 95, por um perito de fiscalização tributária de 2.ª classe, elaborada a informação n.º 999/98, de fls. 3 a 5 do mesmo Apenso – cujo teor se tem igualmente por reproduzido –, concluindo pela rejeição liminar do dito recurso, «dada a inimpugnabilidade hierárquica do acto recorrido e atento o art. 173.º alínea b) do CPA».

8) Ao que o chefe de divisão despachou, em 22-11-98: «Confirmo. Na própria notificação de envio dos fundamentos das correcções efectua-

Conceitos Indeterminados e a Sindicabilidade pelo Tribunal 95

das relativas do IRC do ex. de 91 consta que o s.p. poderá reclamar ou impugnar a liquidação de IRC nos termos do art. 111.º do CIRC. À consideração superior.

9) E o Director de Serviços, em 25-11-96. «Confirmou ser de indeferir liminarmente o presente recurso hierarquicamente pelas razões invocadas. À consideração superior.

10) E o subdirector geral, na mesma data. «Concordo, pelos fundamentos invocados, ser de indeferir liminarmente o recurso. Outrossim será de esclarecer a recorrente, nos termos propostos. À consideração superior.

11) E, em 26-11-95 «concordo com a presente proposta. À consideração do SESAAF».

12) Ao que o SEAF, na mesma data, emitiu o seguinte despacho, ora contenciosamente recorrido. «Face ao teor da presente informação, indefiro o recurso pelas razões nelas expostas».

Vejamos, pois.

Como resulta do probatório, a Administração Fiscal corrigiu a matéria colectável da recorrente, em sede de IRC, relativamente ao exercício de 1991, nomeadamente aditando-lhe o montante de 7.358.282$00, referente a despesas de deslocação em viatura própria, pagos aos seus gerentes, que não foram aceites como custos fiscais, já que «não foram comprovadamente indispensáveis para a realização de proveitos nem para a manutenção da fonte produtora».

E tendo a recorrente interposto recurso hierárquico de tal correcção, nos termos do art. 112.º do CIRC, ele foi todavia liminarmente indeferido, uma vez que tal normativo apenas tem aplicação com referência ás correcções efectuadas, «no âmbito de uma margem de livre apreciação ou discricionaridade técnica conferida por lei à Administração Fiscal, excluindo as susceptíveis de reclamação, nos termos do art. 54.º daquele diploma, o que não é o caso, em que elas «decorreram de poderes estritamente vinculados».

Ora, segundo dispõe aquele art. 112.º, sempre que, nos respectivos termos, «sejam efectuadas correcções, de natureza quantitativa, nos valores constantes das declarações de rendimento do contribuinte, com reflexos na determinação do lucro tributável» n.º 1 –, poderá o mesmo delas «interpor recurso hierárquico para o Ministro das Finanças» n.º 2, com «efeito suspensivo quanto à parte do IRC correspondente aos valores suportados» – n.º 3 –, não podendo todavia se utilizar tal meio e em relação à matéria recorrida, «socorrer-se dos meios de defesa previstos no artigo anterior» – n.º 75 (reclamação e impugnação judicial contra a respectiva liquidação).

Por sua vez, conforme estabelece o art. 84 do CPT da decisão da fixação da matéria tributável, «com fundamento na sua errónea quantificação», cabe «reclamação dirigida à comissão de revisão» – n.º 1 –, o que todavia não é aplicável, nomeadamente, ás correcções que «possam ser objecto, de acordo com as leis tributárias, de recurso hierárquico com efeito suspensivo da liquidação» – n.º 4.º, como é o caso, nos termos expostos.

Aquele art. 112.º corresponde ao art. 138.º do CCI, aglutinando-se contudo numa só expressão – «correcções de natureza quantitativa» –, as situações susceptíveis de fundamentar o recurso hierárquico, ao contrário do que acontecia com a Cont. Indústrial, de enumeração taxativa.

É o que se conclui do regime, aliás paralelo ao do CCI, das reclamações e impugnações do CIRC: art. 75.º (valorimetria das existências; art. 23.º, n.º 1, al. d) (reintegrações e amortizações praticadas para além do período máximo de vida útil, art. 54 (lucro tributável fixado por métodos indiciários; art. 57.º (correcções nos casos de reclamações especiais ou sujeição a vários regimes de tributações), art. 41.º, n.º 1, al. g) (despesas de representação exageradas).

Cfr. CPT Anotado, Alfredo de Sousa e J. Paixão, pág. 178 nota 9.

Na verdade, tal recurso hierárquico nenhuma razão de ser alcança quando se trate de questões de qualificação dos custos, a resolver por pura interpretação da lei, sem arrimo das preditas prerrogativas da Administração.

Trata-se, pois, naquele art. 112.º, de casos em que está em causa a chamada discricionariedade técnica ou margem de livre apreciação da Administração, em divergência com critérios do contribuinte, com base em conhecimentos da ciência ou da técnica ou aplicação de regras de certa arte ou da formulação de juízos de imediação ligados, por exemplo, à natureza eminentemente pessoal das valorações».

Cfr., aliás, no sentido exposto, os Acs. de 25-02-97, rec. 21.176 e de 23-04-97, rec. 20.168.

Isso porém nada tem a ver com o exercício de poderes vinculados ou discricionários pois aquela situação é possível em ambos os casos.

Como refere Freitas do Amaral, Direito Administrativo, 2.º vol., pág. 142, o poder discricionário consiste «na liberdade de decisão que a lei confere à Administração, a fim de que esta, dentro dos limites legalmente estabelecidos, escolha, de entre várias soluções possíveis, aquela que lhe parecer mais adequada ao interesse público», tutelado pela norma.

Aqui, a Administração pode optar por qualquer solução, de entre todas as que se mostrem teoricamente adequáveis – cfr. Esteves de Oliveira, Direito Administrativo, vol. 1, pág. 242.

Mas já não assim no exercício de poderes vinculados: aí é o legislador que determina quais as opções possíveis, não gozando o órgão administrativo daquela liberdade.

O poder discricionário constitui-se assim, numa zona de livre apreciação e decisão, limitada embora por aspectos vinculados como a competência, forma, fim do acto e exactidão dos respectivos pressupostos de facto e de direito.

Coisa diferente são os chamados «conceitos indeterminados» – cfr. Azevedo Moreira, pág. 35 – que, ao contrário do poder discricionário – como poder de eleger uma de entre várias soluções igualmente válidas, nos termos referidos – «só admitem uma solução justa, no caso concreto» – cfr. A Ac. deste Tribunal, de 7 Dez. 94 in Ac. Dout. 406-103).

Os problemas surgem no seu preenchimento, podendo aí existir, ou não, aquela margem de livre apreciação – cfr. aresto e autor citados.

Nos autos, está em causa a «indispensabilidade» dos referidos custos para a realização dos proveitos ou ganhos sujeitos a imposto.

Ora, aí, não só o poder da Administração é rigorosamente vinculado, como não existe qualquer margem de livre apreciação, por parte da mesma; não há que formular juízos de oportunidade mas de tipo cognoscitivo.

Cfr. Sérvulo Correia, Legalidade e Autonomia Contratual nos Contractos Administrativos, pág. 478.

Tal indispensabilidade é rigorosamente controlada pelo tribunal pois não está aí em causa qualquer especial saber técnico, juízo de mediação ou valoração pessoal daqui emergente.

Ou seja; não se trata da apreciação de «elementos imponderáveis» que impeçam o tribunal da respectiva apreciação.

Cfr., quanto ao regime paralelo do art. 26 do CCI, os As. deste STA de 26 Jun. 91 e rec. 13.140, 19-06-91 e rec. 12.122, in Apêndice, in Apêndice ao D. Rep., e de 25 Set. 90 in B.M.J. 399-348.

Já não assim, por exemplo, no mesmo normativo, quanto aos respectivos «limites tidos como razoáveis pela Direcção Geral das Contribuições e Impostos».

Aliás, a própria recorrente parece ter, das coisas, o entendimento aqui perfilhado, pois, ainda que «sem prescindir» do restante, procura, e desenvolvidamente, justificar, submetendo-se à apreciação do Tribunal, a predita «indispensabilidade» – cfr. art. 15.º da petição.

Nem, em contrário, se argumente com o disposto no n.° 5 do dito art. 112.° do CIRC – «sempre que o contribuinte utilize o recurso previsto neste artigo, não poderá, em relação à matéria recorrida, socorrer-se dos meios de defesa previstos no artigo anterior».

Pois o recurso gracioso em causa tem natureza facultativa – n.° 2 («poderá o contribuinte ... interpor recurso hierárquico») – pelo que ele pode igualmente deduzir reclamação ou impugnação judicial da liquidação – art. 111.°.

O que se não compreenderia era que lhe fosse facultada uma dupla via judicial que o CPT – art. 90.°, n.° 2 e 100.°, n.° 2 – igualmente postergou procurando «obstar à litispêndencia e á eventual contradição de julgados entre o recurso contencioso e a impugnação judicial» – cfr. Alfredo Sousa, cit, pág. 202, nota 6, in fine.

Claro que o contribuinte, ainda assim, tem grande interesse no recurso hierárquico, mais que no uso da impugnação judicial pois, naquele, pode ver alteradas as correcções efectuadas pela D.G.C.I., em termos, não só de legalidade mas também da chamada justiça administrativa, uma vez que está em causa a dita margem de livre apreciação, ao passo que, contenciosamente, o tribunal só pode sindicar os referidos aspectos vinculados mas já não aquela, salvo o caso de erro grosseiro ou manifesta desadequação ao fim legal.

Refira-se finalmente que a própria Administração Fiscal havia advertido a recorrente, de que, da liquidação do imposto resultante das correcções efectuadas, podia a contribuinte «reclamar ou impugnar...nos termos do art. 111.° do CIRC» e que, «da comunicação dos fundamentos das correcções efectuadas não cabe qualquer reclamação ou impugnação» – cfr. fls. 25 e 26 do Apenso 1.

Termos em que se acorda negar provimento ao recurso.

Custas pela recorrente, fixando-se a taxa de justiça em 50.000$00 e a procuradoria em 50%.

Lisboa, 23 de Setembro de 1998

Domingos Brandão de Pinho
Luís Filipe Mendes Pimentel
João Plácido da Fonseca Limão
António Mota Salgado

ANOTAÇÃO

1. O presente Acórdão pronuncia-se sobre algumas das questões mais problemáticas no domínio do direito tributário. A existência de conceitos indeterminados, a sindicabilidade pelo tribunal da sua "interpretação-aplicação", a possibilidade de recurso hierárquico, a eventual existência, por parte da administração fiscal de zonas marcadas por uma "discricionariedade técnica", colocam, de facto, problemas de não despicienda relevância que carecem de uma adequada compreensão à luz da moderna principiologia conformadora deste importante âmbito dogmático.

Tais questões – já afloradas noutros arestos da Secção de Contencioso Tributário do Supremo Tribunal Administrativo – STA – (Acórdão de 25/02/97 – recurso n.° 21.176, relatado pelo Juiz Conselheiro Benjamim Silva Rodrigues e de 23/04/97 – recurso n.° 20.168, relatado pelo Juiz Conselheiro Ernâni Figueiredo) não têm, a nosso ver, sido adequadamente compreendidas pela jurisprudência que, na esteira de certas imposições passadas, vem sendo firmada. Importa, por isso, proceder ao enquadramento da questão.

2. A administração fiscal procedeu à correcção da matéria colectável declarada pelo contribuinte, uma vez que não considerou determinadas despesas apresentadas como custos, porque, na óptica do fisco, elas não se configuravam como comprovadamente indispensáveis para a realização dos *proveitos ou ganhos sujeitos a imposto* (Art. 23.° do CIRC).

O contribuinte, não conformado com tal decisão, interpôs recurso hierárquico, nos termos do artigo 112.° do CIRC, o qual foi, todavia, liminarmente indeferido "uma vez que tal normativo apenas tem aplicação com referência às correcções efectuadas no âmbito de uma margem de livre apreciação ou discricionariedade técnica conferida por lei à administração fiscal excluindo as susceptíveis de reclamação".

Finalmente, o contribuinte recorreu contenciosamente do despacho do SEAF, tendo o STA mantido, no essencial, a posição da administração fiscal sobre a inadmissibilidade do recurso hierárquico.

3. Na apreciação do caso *sub judice,* o tribunal parte da distinção entre conceitos indeterminados e discricionariedade técnica para afirmar que, no primeiro caso, a actividade administrativa é absolutamente vinculada, uma vez que não existe qualquer margem de livre apreciação por parte da administração fiscal, pelo que o meio adequado para reagir aos

actos praticados pela autoridade administrativa, no que toca à interpretação e ao preenchimento dos conceitos indeterminados, seria o previsto no art. 111.º do CIRC.

Já o recurso hierárquico, na perspectiva do tribunal, alcançaria a sua "verdadeira" razão de ser nos casos de discricionariedade técnica da administração fiscal, dado que os poderes de cognição dos tribunais estariam limitados na sua extensão em virtude de a administração actuar no contexto de uma margem de livre apreciação. Tal sucederia nos casos previstos no artigo 25.º (valometria das existências), artigo 54.º (lucro tributável fixado por métodos indiciários), artigo 57.º (correcções nos casos de reclamações especiais ou sujeição a vários regimes de tributações) e artigo 41.º, n.º 1, al. g) (despesas de representação exageradas).

Concordamos com a distinção efectuada pelo tribunal. De facto, importa distinguir o domínio dos conceitos indeterminados dos casos de discricionariedade técnica[60]. Não podemos, todavia, acompanhar o pensamento expresso no Acórdão quando, em face de tal distinção, o tribunal acaba por afirmar a existência de margens de discricionariedade administrativa em determinadas matérias situadas fora da sua actividade de controlo e de fiscalização (ainda que remissivas para critérios-juízos de índole técnica) e por reservar o recurso hierárquico para tais hipóteses.

Para sufragar o seu entendimento, o tribunal socorre-se, entre outros argumentos, de uma analogia entre o regime constante do CIRC e aqueloutro previsto no já abandonado Código da Contribuição Industrial – CCI – (art. 138.º). De facto, a doutrina – bem como a jurisprudência dos tribunais fiscais – não hesitava, então, em reconhecer, ao abrigo desse quadro normativo, a existência de uma margem de livre apreciação administrativa, nomeadamente no que toca à fixação do quantitativo dos custos ou perdas do exercício, sendo-lhes por isso vedada qualquer censura sobre o juízo da administração fiscal[61]. Entendia-se que, na fixação da matéria colectável,

---

[60] Sobre a distinção, dando conta de anteriores correntes que afirmavam uma relação necessária entre conceitos imprecisos e discricionariedade, ROGÉRIO SOARES, *Direito Administrativo*, polic., p. 67 e ss..

[61] "Veja-se ALBERTO XAVIER, *Conceito e Natureza do Acto Tributário*, 1972, p.361 e ss. O autor afirma que, na hipótese de fixação do lucro tributável do grupo A (no CCI), seria dada à Administração "uma margem de livre apreciação". Para ALBERTO XAVIER estaríamos perante "questões relativas à concretização de um conceito indeterminado ou à fixação e valoração dos factos que constituem o objecto do processo tributário gracioso", isto é, perante casos onde se considerava existir "uma liberdade de apreciação e fixação

Conceitos Indeterminados e a Sindicabilidade pelo Tribunal 101

a administração gozava de uma margem de livre apreciação na consideração dos custos ou perdas declarados pelo contribuinte, em termos de os poder aceitar *"dentro de limites tidos como razoáveis"* (art. 26.° CCI), *"na medida em que (...) não forem considerados fora do razoável"* (art. 30.° CCI), *"na parte em que (...) as não repute exageradas"* (art. 37.° al. a)), sendo que ao contribuinte restava apenas, na discordância com o critério administrativo, o recurso hierárquico para o Ministro das Finanças, de cuja decisão não cabia qualquer recurso uma vez que se entendia, então, que tais expressões remetiam para uma discricionariedade de juízo, cognitiva, vinculada, técnica, para uma "liberdade científica", para uma esfera ou margem de livre apreciação. É claro que, à luz da actual Constituição, uma tal inadmissibilidade do recurso contencioso não podia deixar de considerar-se, em termos supervenientes, como materialmente inconstitucional por violação do princípio consagrado no seu art. 268.° n.° 3 (redacção inicial), da garantia de recurso contencioso contra todos os actos administrativos definitivos e executórios, como, aliás, veio a entender o Tribunal Constitucional nos seus acórdãos n.ᵒˢ 437/89 e 111/90, publicados, respectivamente, no D.R. II Série, de 89.09.21 e 92.12.14.

Ora, *mutatis mutandis*, o acórdão não deixa de se enquadrar na continuidade desse entendimento (que consideramos ultrapassado). De facto, se no domínio do antigo CCI ainda se podia compreender tal posição (doutrinal e jurisprudencialmente firmada) uma vez que se estava perante um sistema de tributação do lucro real **presumido** onde as balizas (e as correspondentes exigências materialmente densificantes) da Constituição em matéria de tributação eram outras, hoje falha manifestamente a analogia entre os *relata*.

Aliás, os casos supracitados – onde o tribunal acaba por afirmar a existência de um poder discricionário da administração são também eles manifestações de indeterminação conceitual, que não conduzem, *tout court*, à afirmação de uma margem de livre apreciação, outrossim a uma margem de apreciação administrativa ***totalmente sindicável.***

---

dos factos decorrente (...) da utilização legal de conceitos indeterminados". Note-se, porém, que o autor afasta a expressão "discricionariedade vinculada ou técnica" preferindo falar em "âmbito ou margem de livre apreciação" para identificar a figura e em "irrevisibilidade jurisdicional" para delimitar os poderes de cognição do tribunal ("No que respeita à determinação do lucro tributável, grupo A, enquanto a definição o quantitativo das despesas a aceitar como custos ou perdas é irrevisível, já a errada qualificação de uma despesa como custo ou perda está submetida a apreciação jurisdicional").

Importa, por isso, proceder a uma clarificação. É que se o tribunal reserva o recurso hierárquico para as hipóteses onde existam poderes discricionários (ainda que vinculados a um juízo de índole técnica), há desde logo que distinguir as questões relacionadas com tais poderes daqueloutras onde, perante um conceito indeterminado, a actuação administrativa é completamente vinculada e, por isso, sindicável pelo tribunal em toda a sua extensão.

Por nós, cremos que, no domínio tributário, e no que toca especificamente à definição dos elementos essenciais do imposto e aos aspectos relacionados com a sua incidência, não existe margem para afirmação de um espaço onde a administração possa agir de forma insindicável pelo tribunal. O que não significa que a prescrição legislativa que contenha conceitos indeterminados não remeta, as mais das vezes, a administração para a consideração de circunstâncias de índole técnica. Todavia, isso não pode significar a preterição da instância jurisdicional decidente, nem a condenação do contribuinte a uma mera decisão administrativa.

O problema, segundo pensamos, está em saber, perante um conceito indeterminado – porque é disso que verdadeiramente se trata, mesmo nas hipóteses que o tribunal considera de discricionariedade técnica –, quais são os poderes de cognição do tribunal.

Pode discutir-se, de facto, se os conceitos indeterminados são passíveis de uma interpretação concretizadora que opere a sua determinação conceitual ou se, por oposição, colocam nas mãos da administração o monopólio da sua densificação operando como autênticas "cláusulas de discricionariedade"[62]. Ora, não podemos ignorar que a inserção de "conceitos de valor" e "cláusulas gerais" constitui um fenómeno incontornável em face de preocupações justificadas por exigências de igualdade e de justiça materiais e que potencia, na sua amplitude, a especifica relevância do caso concreto[63].

Importa, todavia, ter em conta que tal não se deve compreender como a atribuição de uma "zona franca" à administração em face do controlo judicial.

Desta forma, e adequadamente compreendida a problemática dos conceitos indeterminados, não podemos afirmar que "no direito fiscal não

---

[62] Veja-se A. CASTANHEIRA NEVES, *Questão-de-facto – Questão-de-direito ou o Problema metodológico da juridicidade*, p. 351 ss..

[63] Cfr. com A. CASTANHEIRA NEVES, *A Instituição Jurídica dos Assentos e a Função Jurídica dos Supremos Tribunais*, p. 201 e ss..

Conceitos Indeterminados e a Sindicabilidade pelo Tribunal 103

cabem, pois, conceitos indeterminados nem normas 'incompletas' ou 'elásticas', atendendo a que o princípio da legalidade, com todas as sua implicações, transforma um conceito indeterminado em lacuna '*intra legem*'; ou seja, o princípio da legalidade não encontra suficiente expressão nas normas em causa"[64]. É que a questão deve colocar-se não só a montante, no que se prende com o grau de exigência de densificação normativa em face dos princípios da legalidade tributária e da tributação segundo o rendimento real, como também a jusante na possibilidade de determinação interpretativa e na sindicabilidade da interpretação efectuada pela administração (ultrapassada a ideia – que consideramos incorrecta – de que "liberdade de determinação conceitual" e discricionariedade seriam expressões diferentes para expressar a mesma realidade).

SALDANHA SANCHES[65] dá conta da "crescente tendência para a utilização de preceitos-poder (os *Kann-Vorschift* da doutrina alemã, onde se mantém um elemento de irredutível indeterminação) uma vez que a lei atribui 'ao órgão aplicador do direito poder para fazer uma valoração' em campos do direito fiscal" e não deixa de referir que os principais problemas dizem respeito aos poderes e limites da revisão contenciosa pelos tribunais. E aí o aspecto fulcral é o de saber se estamos perante "um espaço autónomo de actuação" insusceptível de revisão contenciosa ou se, como já tinha advertido ALBERTO XAVIER, na hipótese contrária não se estará a admitir a substituição de um juízo – decerto problemático – da administração por outro juízo – não menos problemático – do tribunal...

Importa, porém, quanto a este ponto, esclarecer o que temos por certo. Assim, se nem todos os conceitos legais têm o mesmo grau de indeterminação, a verdade é que todos são interpretáveis e, embora a determinação do sentido jurídico-normativo da norma interpretanda seja sempre marcada por uma inelimivável subjectividade, tal não significa, contudo, que a mobilização de normas legais onde estejam inseridos conceitos indeterminados não possa ser pertinentemente sindicada pelos tribunais fiscais[66].

---

[64] Assim, DIOGO LEITE DE CAMPOS, *Evolução e Perspectivas do Direito Fiscal*, *in* Revista da Ordem dos Advogados, ano 43, Dezembro de 1983, p. 664 e ss..

[65] Em *A Segurança Jurídica no Estado Social de Direito* – Conceitos indeterminados, analogia e retroactividade no direito tributário, *in* Ciência e Técnica Fiscal, n.º 310--312, Outubro-Dezembro de 1984.

[66] Atente-se, no lugar paralelo do direito penal, nas considerações sobre a existência de conceitos indeterminados e também sobre a determinação da medida da pena (sobre este aspecto em particular, A. CASTANHEIRA NEVES, *Questão-de-facto...*, p. 412 e ss.).

Não pretendemos afirmar, porém, que o controlo do tribunal seja configurado como um controlo de índole substitutiva[67] (ou de administração activa), mas apenas que o tribunal não está impedido de sindicar (e consequentemente proceder à anulação do acto viciado) não só a verificação dos pressupostos legalmente conformadores da actividade administrativa, como também a própria interpretação da norma, podendo ainda apreciar a correcção dos juízos técnicos feitos pela administração tributária.

Não vai noutro sentido o próprio Tribunal Constitucional. De facto, o Acórdão n.° 233/94 (Processo n.° 238/89), afirma que "ao recorrer a conceitos indeterminados enquanto conceitos jurídicos de enquadramento, cujo preenchimento vai depender da própria operação aplicativa ao caso por parte da administração (…) [só não se violará] o princípio da legalidade tributária em virtude de a sua densificação normativa se poder considerar suficiente enquanto critério orientador, por um lado, da possível acção da administração quando vista na óptica dos particulares destinatários da norma, e por outro, dos tribunais quando chamados a controlar o uso de tais conceitos pelo aplicador".

Daí que aos tribunais caiba "não somente a verificação dos pressupostos de aplicação da norma ao caso, mas também a correcção da interpretação da norma e a observância do princípio da proporcionalidade nessa aplicação, expressa não apenas no respeito pelo fim da norma mas também na correcção da adequação do meio ao resultado, ou seja, do *iter* lógico seguido pela administração na valoração dos elementos da situação concreta e da correcção interna dos raciocínios lógico-discursivos que presidiram à sua aplicação ao caso. Assim, e aderindo ao correcto entendimento expendido no Acórdão do Tribunal Constitucional, o tribunal não está impossibilitado de controlar os juízos técnicos feitos pela administração, o que significa, por sua vez, que não basta a apreciação judicial da existência dos pressupostos de facto, porquanto o tribunal deve sindicar "a própria correcção aplicativa (…) das regras técnicas" por parte da autoridade administrativa.

O Supremo Tribunal Administrativo, porém, tem encontrado refúgio numa pretensa "discricionariedade técnica" para se recusar a sindicar a correcção da "interpretação-aplicação" feita pela administração fiscal

---

[67] Sobre controlo substitutivo e separação dos poderes veja-se GIORGIO PELAGATTI, *Valutazioni tecniche dell'amministrazione pubblica e sindacato giudiziario, in* Rivista Trimestrale di Diritto Pubblico, n.°1, 1992, p. 173.

Conceitos Indeterminados e a Sindicabilidade pelo Tribunal   105

nos casos onde existam verdadeiros conceitos indeterminados com o fundamento de que "quando há lugar à qualificação técnica, não pode normalmente o Tribunal, que só lida com a técnica jurídica, apreciar se as regras de uma ou outra arte foram bem aplicadas e por isso, em regra é definitiva a qualificação aplicada pelo agente, a quem a lei atribui a qualidade de perito. Aqui não há discricionariedade perante a lei e, no entanto, a fiscalização contenciosa é impossível"[68]. Todavia, como já afirmámos, este entendimento não pode merecer o nosso aplauso. A judicatura pode controlar os juízos da administração, a correcção do seu procedimento e alterar os resultados do seu agir. Aliás, não existem quaisquer razões para colocar o tribunal fiscal num plano diferente dos tribunais comuns, os quais, têm, por vezes, de formular complicados juízos probatórios de natureza técnica, embora decerto com o auxílio de peritos, como é o que se passa, por exemplo, com a determinação dos graus de incapacidade física ou mental e com o cálculo dos danos daí emergentes[69].

A conclusão a que chegamos tem manifestas repercussões práticas. Atente-se, por exemplo, no disposto no artigo 41.º, n.º 1, al. g) que considera não serem dedutíveis, para efeitos de determinação do lucro tributável, as despesas de representação, escrituradas a qualquer título, na parte em que a administração as repute **exageradas**, mesmo se forem contabilizadas como custos ou perdas do exercício[70]. Estamos perante um conceito indeterminado a preencher pela administração – decerto lançando mão de critérios técnicos –, todavia o tribunal pode sempre corrigir a aplicação que se faça desta norma, uma vez que não se pode afirmar um monopólio administrativo dos critérios susceptíveis de mobilização para densificação da ductilidade dos conceitos. Mais, se é certo que a indeterminação conceitual pode alcançar diferentes gradações, não se pode compreender que o tribunal sindique apenas a "interpretação-aplicação" de certos conceitos indeterminados e não o faça relativamente a outros, assim se demitindo do exercício das suas funções. Destarte, se aderíssemos à argumentação do explanada no Acórdão, sempre ficaria por dar resposta à questão

---

[68] Acórdão do STA de 23 de Junho de 1983, *in* Acórdãos Doutrinais, n.º 265, p. 93.

[69] Nesse sentido, SÉRVULO CORREIA, *Legalidade e Autonomia Contratual nos Contratos Administrativos*, 1987, p. 476.

[70] Sobre esta matéria, afirmando-a no domínio da "discricionariedade técnica" e limitando, inadequadamente, os poderes de cognição do tribunal, veja-se o Ac. STA de 23 de Abril de 1997.

de saber qual será o grau de indeterminação conceitual que afasta a intervenção do tribunal.

E não se afirme, contra o exposto, que tal compreensão implica a sobreposição do tribunal aos peritos da administração. É que, nessa parte, importa reconhecer que enquanto estes agem no interesse norteador da actuação administrativo-tributária, os tribunais são instâncias independentes que realizam a sua função jurisdicional *suprapartes* [71].

Mas, mesmo que assim não fosse, sempre se poderia afirmar que o Acórdão, ao vedar o recurso hierárquico aos casos em que a actividade administrativa é controlada pelo tribunal, está, na verdade, a proscrever tal meio de reacção (que importa manifestas vantagens para o contribuinte por proporcionar uma oportunidade de reapreciação do seu caso ainda no seio da administração) das garantias que assistem aos interessados para fazerem valer os seus direitos quando a própria lei, como veremos, deixa em aberto esse meio de defesa.

Pensamos, por isso, que a interpretação restritiva, feita pelo acórdão, do artigo 112.º do CIRC com base num argumento histórico remissivamente retirado do CCI não pode ser convincentemente aceite uma vez que falha aí o paralelismo entre os regimes. E não procede, também, o pressuposto de reservar o recurso hierárquico para as hipóteses onde exista uma "margem de livre apreciação administrativa", porque a última palavra caberá sempre ao tribunal na sua esfera de *revisibilidade jurisdicional*.

4. Afirma também o tribunal que o "recurso hierárquico nenhuma razão de ser alcança quando se trate de questões de qualificação dos custos". Ora, tal afirmação revela, uma vez mais, o notório apego a questões passadas, nomeadamente, à jurisprudência que distinguia as questões de qualificação das de quantificação dos custos, para reservar aos tribunais o julgamento das primeiras e à justiça administrativa a apreciação das segundas, no âmbito do Código da Contribuição Industrial.

Além do que já explanámos, importa, agora, o confronto com o direito positivado no artigo 112.º do CIRC.

A previsão da norma diz respeito às hipóteses em que "sejam efectuadas correcções de natureza quantitativa nos valores constantes das declarações de rendimento do contribuinte com reflexos na determinação do lucro tributável..." (art. 112.º n.º1 do CIRC), sendo que "dessas alte-

---

[71] Acolhemos, pois, as preocupações de SÉRVULO CORREIA, *Ob. Cit.*, pág. 476.

Conceitos Indeterminados e a Sindicabilidade pelo Tribunal 107

rações poderá o contribuinte (...) interpor recurso hierárquico para o Ministro das Finanças e da decisão deste para os tribunais (...)". Ora, no caso *sub judice*, a correcção administrativa dos valores imputados como custos pelo sujeito passivo não deixa de se repercutir directa e imediatamente numa alteração do *quantum* declarado pelo contribuinte, tratando--se por isso obviamente de uma "correcção de natureza quantitativa nos valores constantes das declarações de rendimento do contribuinte". É que a "alteração-correcção" efectuada projecta-se directamente na determinação do lucro tributável através de um juízo administrativo que não quantificou os custos apresentados pelo contribuinte.

Contra o que afirmamos não pode proceder a objecção de que o acto administrativo-tributário que procedeu à referida correcção seja um acto que *apenas e simplesmente* proceda a uma diferente qualificação das despesas efectuadas.

É que, em primeiro lugar, e a ser assim, o alcance pretendido, em face da disciplina legal referente ao recurso hierárquico, ficaria tolhido de forma manifesta.

Depois, em segundo lugar, mesmo que se afirme, ao que não nos opomos, que se está perante uma diferente qualificação daquelas despesas, não deixa de ser manifesto que tal "qualificação" afecta substancialmente o quantitativo do lucro a tributar e, mais importante ainda, é a própria obrigação tributária que passa a ser conformada por diferentes elementos quantitativos.

Em terceiro lugar, correcção quantitativa não pode significar uma mera correcção aritmética, como resulta claro dos artigos 81.º e 82.º do Código de Processo Tritutário – CPT –, vigentes ao tempo, quando aí se consagra que a fundamentação deverá abarcar indissociadamente a qualificação e a quantificação dos factos.

Por fim, a solução não poderá ser diferente daquela em que a administração apenas procede a uma correcção menos extensa dos custos por não considerar, apenas, parte das despesas declaradas a título de custos, pelo que se, para tais casos, não se levantam grandes dúvidas, também para estes (ainda mais gravosos) fará todo o sentido a possibilidade de o contribuinte recorrer hierarquicamente.

Assim, poder-se-á concluir que, no caso em análise, não estamos em face de uma alteração qualitativa *tout court*, outrossim perante uma correcção administrativa que se projecta ineludivelmente, em termos quantitativos, na determinação do lucro tributável, pelo que em tais casos não pode afastar-se a possibilidade de se recorrer contenciosamente. Temos, por isso, que a decisão do tribunal haveria de ter sido forçosamente outra.

Não se pode, por outro lado, ignorar que a letra do preceito socorre--se, do lado da sua hipótese, como resulta dos seus próprios termos, de conceitos relativamente indeterminados de natureza técnico-jurídica ("correcções de natureza **quantitativa**")[72].

Ora, não faria sentido, sob o ponto de vista lógico – e, *principaliter,* teleológico, que o preceito distinguisse soluções diferentes em função do grau de indeterminação de tais conceitos, pois que a sua natureza, convenhamos, é a mesma – são conceitos indeterminados de natureza jurídica –, como, de resto, o acórdão acaba por sustentar.

Na verdade, também o art. 23.º do CIRC, do lado da sua hipótese, recorre à utilização de conceitos indeterminados de natureza jurídica ao falar de custos ou perdas que forem comprovadamente indispensáveis para a realização dos proveitos ou ganhos sujeitos ao imposto (ou para a manutenção da fonte produtora).

Também a compreensão do que seja a comprovada indispensabilidade só é aqui alcançável mediante a elaboração de um juízo de interpretação de natureza jurídica, embora o conteúdo deste deva corresponder ao de um fenómeno económico-financeiro de matriz empresarial.

É que a falada *indispensabilidade* não poderá ser aferida por uma *ratio fisci*, mas sim sob a óptica da gestão financeira e comercial da concreta empresa, pelo que a administração fiscal não poderá ajuizar sobre a oportunidade das decisões dessa mesma empresa[73].

E o mesmo se passa com a exigência legal constitutiva do *comprovadamente*, pois também ele corresponde a um conceito indeterminado cuja compreensão só é possível mediante a incursão do "aplicador" do direito nos elementos e valores do sistema fiscal referentes às relações de causalidade e necessidade por ele consideradas, remetendo o decidente para a elaboração de um juízo probatório de existência daquela indispensabilidade.

Deste modo não deixam, também aqui, de surpreender-se relativamente, às hipóteses enquadráveis no art. 23.º do IRC, as razões garantísticas da concessão de um meio de defesa do contribuinte ainda na fase administrativa que subjazem ao recurso hierárquico que se encontra previsto no art. 112.º n.º 2 do CIRC.

---

[72] ROGÉRIO SOARES, *Ob. Cit.*, p. 68 e ss..

[73] Veja-se, sobre a matéria, os pertinentes argumentos expendidos por TOMÁS CASTRO TAVARES, *Da relação de dependência parcial entre a contabilidade e o direito fiscal na determinação do rendimento tributável das pessoas colectivas: algumas reflexões ao nível dos custos, in* Ciência e Técnica Fiscal, n.º 396, 1999, p. 128 e ss., esp. 134 a 138.

Conceitos Indeterminados e a Sindicabilidade pelo Tribunal

5. Ainda no que tange com o recurso hierárquico, podemos mesmo asseverar que só na senda do que afirmámos se compreenderá inteiramente a prescrição do n.°5 do mesmo artigo, segundo a qual sempre que o contribuinte recorra hierarquicamente, nos termos previstos naquele n.° 2 (recurso este de natureza facultativa – no que concordamos com a qualificação feita pelo tribunal), não poderá socorrer-se dos meios de defesa previstos no artigo anterior (impugnação judicial e reclamação graciosa), relativamente à matéria hierarquicamente recorrida e que foi entendida pelo tribunal em termos equívocos. É que, na verdade, não se trata da existência de uma (concreta) dupla via judicial, como o tribunal acabou por sustentar. É certo que o contribuinte tem duas possibilidades em aberto, mas em alternativa: **ou** interpõe recurso hierárquico (e na sequência do indeferimento deste recurso contencioso para o tribunal competente em razão do autor do acto) **ou** impugna judicialmente (sendo que neste caso tem previamente de reclamar para a comissão de revisão da matéria colectável, reclamação esta que se prefigura como uma condição de procedibilidade da impugnação).

Não se trata de cumular ambas as soluções! O contribuinte *ou* recorre hierarquicamente *ou* impugna. É a própria lei que o diz quando afirma, no n.° 5 do artigo 112.°, que o contribuinte, sempre que utilize o recurso hierárquico, não poderá, em relação à matéria recorrida, reclamar ou impugnar judicialmente.

O sujeito passivo pode optar, não pode é acumular. Daí que não se possa acompanhar o Acórdão quando este raciocina na base da existência de tal "dupla via judicial". Na verdade, essa dupla via apenas se coloca em abstracto e, por isso mesmo, nunca poderá existir uma situação de litispendência nem, muito menos, contradição de julgados como o Acórdão, com uma diferente interpretação daquela que sustentamos, dá a entender. A lei não deixa margens para dúvidas ao afirmar que o contribuinte *poderá* interpor recurso hierárquico (art. 112.°, n.° 2 CIRC), só que, se o fizer, não poderá reclamar ou impugnar judicialmente (art. 112.°, n.° 5 CIRC). O que significa que a alternatividade, legalmente admitida, só pode levar, em concreto, a uma solução.

CASALTA NABAIS[74] defende, quanto a esta matéria, que "face à correcção quantitativa dos valores constantes das declarações de rendimento do contribuinte efectuadas pela administração tributária, que não seja meramente aritmética e que tenha reflexos na determinação do lucro tributá-

---

[74] Ver *Direito Fiscal*, 2000, p. 288.

vel, o contribuinte tem duas vias de impugnação: ou interpõe, no prazo de 30 dias a contar da respectiva notificação, recurso hierárquico directo para o Ministro das Finanças e, eventualmente, da decisão deste recurso contencioso para os tribunais tributários de 1.ª instância[75]; ou requer a revisão dessas correcções através do procedimento de revisão da matéria tributável fixada por métodos indirectos"[76] podendo, após tal "reclamação", impugnar judicialmente o acto tributário.

Maiores dificuldades poderão resultar do confronto entre as vertentes dessa "dupla via" que, em abstracto, se abre ao contribuinte. Tais dificuldades surgem estritamente relacionadas com os **meios de prova** susceptíveis de serem mobilizados, quer no âmbito do recurso contencioso, quer na hipótese de impugnação judicial. É que, como veremos, a opção que se faça (entre o recurso hierárquico acrescido do recurso contencioso e a impugnação judicial) tem manifestas consequências a nível probatório. Basta atentar no facto de na impugnação judicial se admitirem todos os meios gerais de prova (artigo 134.° do CPT, correspondente ao actual artigo 115.° do CPPT), enquanto que, na hipótese de se recorrer contenciosamente, esses meios de prova ficam coarctados, limitando-se à prova documental (artigo 56.° do Regulamento do Supremo Tribunal Administrativo *ex vi* do disposto no artigo 24.° al. b), da Lei de Processo nos Tribunais Administrativos).

Tais diferenças podiam levar-nos a concluir que o contribuinte apenas poderia, sem prejuízo, recorrer hierarquicamente se pudesse fazer, posteriormente em sede contenciosa, prova documental dos factos que invocasse, sendo que, nos restantes casos, restar-lhe-ia apenas a via da impugnação judicial. Ou seja, o contribuinte sempre teria de se determinar em face dos meios probatórios de que dispusesse.

---

[75] É claro que o recurso contencioso apenas será para o tribunal de 1.ª instância no caso da decisão de indeferimento do recurso hierárquico não ser proferido por um membro do Governo. Caso contrário deverá sê-lo para a Secção de Contencioso Tributário do Tribunal Central Administrativo (arts. 41.° e 62.° do ETAF).

[76] Temos, no entanto, algumas dúvidas quanto à obrigatoriedade de tal "reclamação" nos casos em que o grau de indeterminação conceitual seja puramente jurídico (a este propósito, ROGÉRIO SOARES, Cit., pág. 68 e ss.). Em tais casos, colocamos algumas reservas à intervenção de um órgão técnico de avaliação da matéria tributável. Assim, no caso do artigo 23.° do CIRC, pensamos que não se apresenta como sendo necessária a prévia reclamação para a Comissão de Revisão, o que, aliás, não deixa de fazer sentido em face do disposto no artigo 91.° n.° 14 da Lei Geral Tributária.

Pensamos, no entanto, que o artigo 56.° do Regulamento do Supremo Tribunal Administrativo deverá ser considerado inconstitucional na estrita medida em que os factos apenas possam ser provados por outro meio probatório que não a prova documental por violação do direito de acesso aos tribunais e do direito de defesa contenciosa (artigos 20.° e 268.° n.° 4 da CRP), pois a concessão da garantia de tutela plena e efectiva postula uma consequente possibilidade de utilização dos meios de prova necessários à demonstração dos direitos e interesses legalmente protegidos que se pretendem ver reconhecidos judicialmente.

6. Por fim, no caso concreto, o Tribunal acabou por sufragar a posição da administração fiscal quanto aos meios de defesa susceptíveis de serem legalmente convocados (porquanto manteve o entendimento administrativo segundo o qual "da comunicação dos fundamentos das correcções efectuadas não cabe qualquer reclamação ou impugnação"). Por nós, pensamos que o tribunal podia (*rectius,*devia) ter decidido de outro modo. Ora, para esta eventualidade e para o caso dos meios de defesa indicados pela administração estarem errados, dispõe hoje o artigo 37.° n.°4 do CPPT que "no caso de o tribunal vier a reconhecer como estando errado o meio de reacção contra o acto notificado indicado na notificação, poderá o meio adequado ser ainda exercido no prazo de 30 dias a contar do trânsito em julgado da decisão judicial". Conquanto se trate de uma 'doutrina' só agora explicitamente assumida pelo legislador, o certo é que o próprio STA já a aplicou em casos sujeitos ao regime anterior (veja-se o Acórdão do STA de 15/05/2000, Recurso n.° 24.382).

7. Pensamos, pelo exposto, que a solução dada no Acórdão deveria ter sido outra. Destarte, tendo em conta os argumentos que apresentámos, não concordamos com a orientação do tribunal, quando afirma que "o recurso hierárquico previsto no artigo 112.° o CIRC apenas tem aplicação às correcções de natureza quantitativa efectuadas pela Administração Fiscal, aos valores declarados pelo contribuinte, no uso da chamada discricionariedade técnica ou margem de livre apreciação".

Concluindo, não faz sentido, perante a existência de conceitos indeterminados, afirmar que a garantia do recurso hierárquico só é facultada ao contribuinte quando o tribunal não possa controlar, em termos efectivos, a actividade tributária da administração.

O tribunal pode, assim, sindicar os termos da actuação administrativa, mesmo quando se esteja perante a mobilização de critérios de índole técnica no preenchimento interpretativo de conceitos indeterminados.

Não existe diferença substancial entre os casos qualificados pelo tribunal como hipóteses prefiguradoras de uma eventual discricionariedade técnica e aqueles, como é o caso do artigo 23.º do CIRC, exclusivamente referidos a problemas levantados pela existência de conceitos indeterminados. Na verdade, em ambos os casos estamos apenas perante conceitos indeterminados, podendo (melhor, devendo) o tribunal sindicar a correcção do juízo administrativo.

*João Silva Rodrigues**

---

* Docente da Faculdade de Direito de Coimbra. Advogado.